KREUZFAHRT
Donau

Guido Pinkau arbeitet als Studienreiseleiter in Regionen und Ländern wie Skandinavien, Großbritannien sowie in Süd- und Ostafrika. Immer wieder zieht es ihn aber in seine Heimat Passau an der Donau zurück.

 Umweltbewusst Reisen   Ausflüge

 FotoTipp   Faltkarte

Preise für ein dreigängiges Menü ohne Getränke:

€€€€ ab 25 €   €€€ ab 20 €
€€ ab 14 €   € bis 14 €

INHALT

Willkommen auf der Donau 4

MERIAN TopTen
Höhepunkte, die Sie sich nicht entgehen lassen sollten — 6

MERIAN Tipps
Tipps, die Ihnen unbekannte Seiten der Region zeigen — 8

Zu Gast auf der Donau 10

Praktische Infos zur Kreuzfahrt Donau 12
Essen und Trinken 20
Einkaufen 22

◀ Frühes Aufstehen lohnt sich, wenn das Schiff in den Sonnenaufgang fährt.

Unterwegs auf der Donau — 24

Passau	26
Von Passau nach Linz	32
Linz	36
Von Linz nach Wien	42
Wien	52
Im Fokus – Der Donauwalzer	64
Donau-Auen	66
Bratislava	68
Donauknie	74
Budapest	78
Ungarische Tiefebene	86
Belgrad	92
Das Eiserne Tor	98
Von Russe nach Bukarest	102
Das Donaudelta	106

Wissenswertes über die Donau — 110

Die Tiere der Donau	112
Reisepraktisches von A–Z	116
Orts- und Sachregister	124
Impressum	128

Karten und Pläne

Streckenverlauf	Klappe vorne
Deckpläne	Klappe hinten
Passau	29
Linz	39
Wien	56/57
Bratislava	71
Budapest	81
Belgrad	95
EXTRA-KARTE ZUM HERAUSNEHMEN	Klappe hinten

Willkommen auf der Donau

Mal träge, mal reißend, verbindet das »blaue Band« der Donau Europas unterschiedliche Landschaften, Völker und Kulturen. Auch wenn die Donau nicht immer blau ist.

Langsamkeit entdecken, ohne dabei in Langeweile zu verfallen? Eine Kreuzfahrt auf der Donau ist dafür genau das Richtige. Gemächlich gleitet das Hotelschiff auf Europas zweitlängstem Fluss dahin und lässt dabei, einem farbenprächtigen Panoramafilm gleich, abwechslungsreiche Landschaften, historische Städte und unberührte Natur vorbeiziehen. Der Luxus bei dieser Reise liegt nicht allein in der Qualität des jeweiligen Schiffes, sondern auch im Zeitfaktor. Ohne jegliche Hektik, stets jedoch das Geräusch des sich an der Bordwand brechenden Wassers im Ohr, kann vom Fluss aus das Leben am Ufer beobachtet werden.

»Sehtage« statt Seetage

Kreuzfahrten boomen, nicht nur auf den Meeren dieser Welt, sondern auch auf den Flüssen. Der Vorteil: ein bequemes Hotel und trotzdem jeden Tag ein neues Ziel für Entdeckungen. Während bei einer Rundreise auf dem Landweg ständig gepackt werden muss, ist das Schiff ein Zuhause auf Zeit, bei dem das Leben aus dem Koffer den Reisespaß nicht beeinträchtigt. Flusskreuzfahrten sind besonders dadurch attraktiv, dass es keine ausschließlichen Seetage gibt. Hier sind es eher »Sehtage«. Jeden Tag, jede Minute bieten die beiden Uferseiten neue Eindrücke. An manchen Stellen fährt das

◂ Lieblich umrahmt von Weinbergen: Dürnstein (▶ S. 46) in der Wachau.

Schiff so nah zum Land, dass ein freundlicher Gruß über die Reling die Bevölkerung erreicht. Bei so viel Abwechslung brauchen Flusskreuzfahrten keinesfalls eine professionelle Animation.
Da alle Schiffe eine überschaubare Größe haben, fällt die Orientierung an Bord sehr leicht. Nach einem ersten Erkundungsgang sind bereits die wichtigsten Punkte vertraut. Da die Zahl der Passagiere im Unterschied zu den großen Cruisern der Meere auf dem Fluss weitaus geringer ist, bietet sich – auch für Alleinreisende – die Chance, schnell mit anderen Gästen ins Gespräch zu kommen. Ob an der Reling, bei den Mahlzeiten, bei Ausflügen oder abends beim Cocktail an der Bar: Kontakte werden schnell geknüpft. Kein Alleinreisender muss allein sein, außer er will es. Wer möchte, verlässt das Schiff – aber nur zu Ausflügen. Organisierte Landausflüge sind stets verfügbar, dank der zumeist zentrumsnahen Liegeplätze können sie jedoch auch individuell gestaltet werden – abwechslungsreich sind sie immer.

Metropolen und Natur

Neben der Nilkreuzfahrt ist die Donaukreuzfahrt sicherlich einer der Klassiker der Flussreisen. Von Passau nach Budapest und zurück in acht Tagen oder die längere Variante bis zum Schwarzen Meer sind dabei die Favoriten. Die erste Variante gleicht einer Citytour von Metropole zu Metropole – Highlights sind Wien, Bratislava und Budapest. Die Reise ans Schwarze Meer mit Donaudurchbruch und dem Delta bietet noch zusätzlich Naturerkundungen von Flora und Fauna. Egal zu welcher Jahreszeit, die Donau zeigt sich immer in einem besonderen Glanz. Kein Wunder also, dass in den letzten Jahren auch die Zahl der Gäste steigt, die ihrer sommerlichen Reise eine Winterreise anhängen.

Genießen und staunen

Kreuzfahrer sind Genießer. Auf der Donau stammen die kulinarischen Gaumenfreuden gleich aus mehreren Kulturkreisen und sind so verlockend, dass Widerstand zwecklos ist. Von deftig bayerisch über böhmische Mehlspeisen hin zur feinen österreichischen Küche und dem Finale im scharfen Ungarn sowie der feurigen Schwarzmeerküste – wer will da schon Nein sagen?
Immer wieder spannend ist es, wenn die Schiffe durch die Schleusen auf das unterschiedliche Flussniveau gebracht werden. Vor allem abends und nachts ein Erlebnis der besonderen Art. Eingehüllt in die warme Bettdecke lässt sich das Manöver am besten bei offenem Fenster beobachten. Wie in einem Fahrstuhl gleitet das Schiff an der Mauer nach unten, und das Wasser plätschert an der Schiffswand. Die Kabine bietet Geborgenheit, während die Schleusenfahrt ein wenig schaurige Atmosphäre verbreitet. Ist die neue Flussstufe erreicht, öffnet sich die Schleuse, und das Schiff verlässt sie in aller Ruhe. Nur wenig später tauchen auch schon die ersten Lichter am Ufer auf, und die aufkommende Nacht strahlt behagliches Wohlempfinden aus. Sich wohlfühlen, genießen, beobachten und entdecken – das ist es, was eine Kreuzfahrt auf der Donau ausmacht.

MERIAN TopTen

MERIAN zeigt Ihnen die Höhepunkte dieser Kreuzfahrt. Das sollten Sie sich bei Ihrer Reise auf der Donau nicht entgehen lassen.

★ 1 Museum Moderne Kunst, Passau
Das MMK lockt Künstler mit Weltruf in die Dreiflüssestadt. Wechselnde Ausstellungen bieten interessante Blicke auf lokale und internationale Künstler der Moderne (▸ S. 28).

★ 2 Loisium, Langenlois
Altes Winzerhandwerk trifft auf Architektur der Gegenwart: Genuss und Kunst gehen hier Hand in Hand. Zum Abschluss eine Verkostung der Weine aus dem Kamptal (▸ S. 48).

★ 3 Schleuse Gabčikovo
Vier Schiffe passen gleichzeitig in die größte Schleuse der Donau – eine technische Meisterleistung. Dieser Schleusengang ist ein Höhepunkt der Donaukreuzfahrt (▸ S. 75).

⭐ 4 Dom von Esztergom bei Abendbeleuchtung
Eine leuchtende Kathedrale, die über der Donau zu schweben scheint. Um dies zu erleben, lohnt es sich, im Dunkeln an Deck zu gehen (▶ S. 75).

⭐ 5 Fischerbastei, Budapest
Von der Terrasse der Fischerbastei bietet sich ein unvergleichlicher Ausblick. Es ist der Blick von Buda nach Pest, der immer wieder fasziniert (▶ S. 80).

⭐ 6 Peterwardein, Novi Sad
Die Festung, gegenüber der Stadt am anderen Donauufer gelegen, wird auch als »Gibraltar an der Donau« bezeichnet. Trutzig ohne Affen (▶ S. 90).

⭐ 7 St. Sava Kirche, Belgrad
Grandios: größter Sakralbau Serbiens und die drittgrößte orthodoxe Kirche auf dem Balkan mit vier Glockentürmen und 40 Glocken (▶ S. 94).

⭐ 8 »?« (Znak pitanja – Fragezeichen), Belgrad
Im ältesten Kaffeehaus der Stadt ist noch die orientalische Stimmung des 19. Jh. zu spüren. Die Bevölkerung liebt es gediegen (▶ S. 96).

⭐ 9 Das Eiserne Tor
Der wohl imposanteste Taldurchbruch Europas ermöglicht den Schiffsweg zum Schwarzen Meer. Lautlos gleitet das Schiff durch diese Engstelle (▶ S. 99).

⭐ 10 Bootsfahrten im Donaudelta
Eine Bootstour mit Einheimischen in einzigartiger Natur, kombiniert mit einem köstlichen Fischessen (▶ S. 107).

MERIAN Tipps

Mit MERIAN mehr erleben. Entdecken Sie auf Ihren Landgängen das Leben und die besonderen Orte in den Hafenstädten entlang der Donau.

ScharfrichterHaus, Passau
Renommierte Bühne mit scharfzüngigem Programm in altem Gemäuer. Bekannt für die alljährliche Verleihung des Scharfrichterbeils (▸ S. 30).

Mit der Pöstlingbergbahn zur Wallfahrtsbasilika, Linz
Historischer Ausflug mit einer alten Bergbahn hinauf zum Aussichtsberg mit der Wallfahrtsbasilika Sieben Schmerzen Mariens – auch am Abend lohnend. Die Bahn fährt täglich bis 22.30 Uhr (▸ S. 38).

Naschmarkt, Wien
Donaufisch und Kürbiskernöl, Austern, Champagner ... Auf diesem Markt der Sinne wird garantiert jeder fündig. Hier lohnt eine Mittagspause, deftig böhmisch oder leicht mit Fisch (▸ S. 60).

MERIAN Tipps

 Einkaufstempel Steffl, Wien
Mit Blick auf den Stephansdom und Wien lässt sich auf der Dachterrasse ein gespritzter Weißer oder ein großer Brauner gut genießen (▸ S. 62).

 Staatsoper, Wien
Eleganter Höhepunkt der Kreuzfahrt auf der Donau: ein Besuch in diesem weltbekannten Opernhaus, das mit wechselndem Opernprogramm und Konzertabenden lockt (▸ S. 63).

 Auf den Spuren gekrönter Häupter, Bratislava
Goldene Krönchen auf Pflastersteinen markieren die Route der Krönungszüge (▸ S. 70).

 Spaziergang entlang der Andrássy út, Budapest
Paläste und Kulturstätten entlang der würdevollsten Allee der Hauptstadt, die langsam ihre Eleganz zurückerobert (▸ S. 82).

 Zentrale Markthalle, Budapest
Ein farbenfrohes Gemisch aus ungarischen Spezialitäten und hübschem Kunsthandwerk. Paprika scharf oder mild, Salami groß oder klein, jeder wird hier glücklich (▸ S. 85).

 Künstlerviertel Skadarlija, Belgrad
Das Viertel der Belgrader Boheme besticht mit lebhaftem französischen Flair (▸S. 96).

 Kunstgalerie, Russe
»Klein-Wien« wird die bulgarische Stadt auch genannt. Ein Besuch der Kunstgalerie mit dem Schwerpunkt auf lokale Künstler lohnt sich (▸ S. 103).

Mit einem kühlen Getränk gemütlich auf dem Sonnendeck sitzend kann man die Wachau (▶ S. 43) noch intensiver genießen.

Zu Gast auf der **Donau**

Mit dem Schiff unterwegs und doch Land und Leute erleben. Aktive Freizeitgestaltung ist kein Widerspruch zur Kreuzfahrt, sondern Teil des unterhaltsamen Bordprogramms.

Praktische Infos

In diesem Kapitel finden Sie einige Informationen, die das Leben an Bord erleichtern und ein sicheres Auftreten versprechen. Wer mehr weiß, hat mehr Spaß!

◂ Viel Technik: So sieht die Kommandozentrale eines Donau-Kapitäns aus.

Angenehm beschwingt wie beim Walzer von Johann Strauß, so gleitet der Reisende während seiner Zeit an Bord eines Flusskreuzfahrtschiffes »auf der schönen blauen Donau« dahin. Ganz nebenbei ist eine Donaukreuzfahrt auch eine Citytour in vier europäische Hauptstädte: Es geht mit dem Schiff zu den Kunst- und Kulturschätzen von Wien, Bratislava, Budapest und Belgrad.

Diese Vielfalt an Erlebnissen hat in den letzten Jahren Kreuzfahrten auf der Donau boomen lassen. Hinzu kommt, dass es kaum eine angenehmere Art zu reisen gibt. Nachdem die Kabinen bezogen und die Koffer ausgepackt sind, haben die Gäste für die Zeit ihrer Kreuzfahrt ihr schwimmendes Luxushotel immer dabei. Die meisten Schiffe bieten elegantes Ambiente mit erstklassigem Komfort. Je nach Schiffstyp: stilvoll-elegant (u. a. MS »River Cloud 2«, MS »Viking Danube«), stilvoll-rustikal (u. a. MS »Maxima«, MS »A-Silver«), sachlich-modern (u. a. MS »Flamenco«) oder sportlich-leger (»A-Rosa-Flotte«).

Für viele stellt sich die Frage, warum man eine Flusskreuzfahrt buchen soll, wenn man von Passau nach Budapest mit dem Zug in ca. 7 Std. gelangen kann? Zum einen handelt es sich um eine Reise und keinen Transfer, und zum anderen liegt der Luxus unserer schnelllebigen Epoche in der Langsamkeit und dem Glück, Zeit und Ruhe genießen zu können. Diese mit allen Sinnen auszukosten macht wahren Reichtum aus, denn jede Flussbiegung verspricht neue landschaftliche Höhepunkte. So verstanden gibt es keine stilvollere Art und Weise, Urlaub zu machen. Um diese fast schon historische Art des Reisegenusses erleben zu können, findet man sich an dem von der Reederei angegebenen Zeitpunkt zum Einschiffen am Kai in Passau oder Engelhartszell ein.

Bereits hier zeigt sich die Professionalität des Personals an Bord. Obwohl recht viele Gäste darauf warten, an Bord zu kommen, wird dieser Vorgang schnell und souverän von der Crew des Schiffes erledigt. Für die meisten heißt es dann erst mal ab in die Kabine. Schließlich möchte man ja sehen, wie der Raum aussieht, in dem man sich für die nächsten Tage häuslich niederlassen will. Vor den Kabinentüren warten bereits die Koffer, die hilfreiche Geister ausgeteilt haben, nachdem sie zuvor bereits an der Rezeption des Schiffes abgegeben wurden oder vom Kofferservice (den die Reedereien mit der Buchung organisieren) geliefert worden sind.

Perfekte Organisation

Am Außendeck ist bereits das erste Essen im vollen Gang. Ein Begrüßungssnack ist vorbereitet und stärkt die von der zum Teil langen Anreise bereits hungrig gewordenen Passagiere. Jetzt ist Zeit für den ersten Rundum-Blick. Und es bleibt ja auch noch Zeit, bis die Einführungsveranstaltungen an Bord beginnen. Diese Vorträge mit Themen wie »Vorstellung des Schiffes«, »Sicherheit an Bord« und »Landausflüge« sollte man unbedingt besuchen – auf den meisten Schiffen sind sie schon wegen des Sicherheitsbriefings Pflicht. Es erspart einem aber später auch häufige Konsultationen der Rezeption. Außerdem wird während dieser ersten Informationsveranstaltung auf Sonderveranstaltungen hingewiesen, die nicht im Preis enthalten sind und die an Bord nachgebucht werden können, wie z. B. spezielle Menüabende oder Festivitäten. Bereits hier wird deutlich: Eine der wenigen und wichtigsten Zeiten, die nicht vergessen werden sollten – neben der für die jeweilige Mahlzeiten –, ist die für das Ende des Landganges. Man will ja schließlich nicht per Bus, Bahn oder Taxi dem Schiff hinterhereilen.

Während die Passagiere so vom Guestservice oder Bordguide die wichtigsten Infos erhalten, bereitet die Mannschaft das Ablegemanöver vor. Da mit der Hängebrücke von Passau eine sehr tiefe Brücke unterfahren werden muss, werden die Aufbauten reduziert und die Sonnensegel bzw. -schirme eingezogen. Während dieser Zeit ist dann selbstverständlich auch bei den z. T. recht hohen Schiffen der Besuch des Oberdecks untersagt.

Krawatte oder lieber leger?

Das für viele leidigste Thema an Bord ist der Dresscode. Während einige Schiffe (z. B. die »Arosa«) darauf bewusst verzichten, gehört es bei anderen zum guten Ton, sich zu den Mahlzeiten, insbesondere den Abendessen, umzukleiden. Generell ist auf allen Schiffen am Tag bequeme Kleidung angebracht, nach sonnigem Aufenthalt an Deck sollte man dennoch nicht mit Shorts an der Restauranttür erscheinen – ein solcher Gast wird abgewiesen. Dieses Mindestmaß an Etikette gilt bei allen Veranstaltern und Reedereien an Bord! Bei den Schiffen, bei denen striktere Dresscodes herrschen, wird meist in den Tagesprogrammen darauf hingewiesen, welche Kleidung zu welchem Anlass gern gesehen wird. Der Unterschied liegt dabei im Detail der Formulierung: »casual«, »formal« und »gala« sind die Stichworte. Damen sind meistens stilsicherer als Herren und wissen, worauf es ankommt. Deshalb: »casual« heißt Baumwollhose und Hemd ohne Krawatte, während »formal« schon eine Anzugskombination mit Krawatte erfordert und bei »gala« (z. B. beim Kapitänsdinner) groß aufgetragen wird. Der dunkle Anzug mit ebensolcher Krawatte wird erwartet. Das auf Kreuzfahrten oft gesehene weiße Dinnerjacket wäre aber etwas »overdressed«.

Sicherheit an Bord

Flusskreuzfahrtschiffe sind im Grunde kaum Risiken ausgesetzt. Die einzigen Möglichkeiten, in Schwierigkeiten zu kommen, wären Schleusenunfälle, ein anderes Schiff auf Kollisionskurs oder ein Brückenpfeiler, der im Wege steht. Da all dieses äußerst selten vorkommt, gelten Schiffe auf Flüssen als besonders sicher; es fehlt einfach die Unbill der Hochseefahrt mit schwerem Seegang, Stürmen, Eisbergen und langer Zeit ohne Uferkontakt. Hinzu kommt, dass die Donau mit im Schnitt 6 m nicht sonderlich tief ist. Den Tipp des Bordstewards, im Fall der Fälle das Sinken des Schiffes bis zum Aufsetzen mit einer Tasse Kaffee in der Hand auf dem Oberdeck abzuwarten, da mit einer Schiffshöhe von weit über 6 m ja nichts passieren kann, will wohl keiner wirklich ausprobieren, aber er beruhigt. Dennoch werden an Bord selbstverständlich auch die Alarmroutinen vorgestellt. Eine Rettungsübung, wie auf Hochseekreuzfahrtschiffen üblich, ist auf Flusskreuzfahrtschiffen nicht verpflichtend, da das Ufer ja immer greifbar bleibt. Wichtigster Grundsatz: den Hinweisen der Offiziere und Crew unbedingt Folge leisten! Nach den Durchsagen über Bordlautsprecher trifft man sich auf dem Sonnendeck »Bitte ohne Koffer!«, aber mit warmer Kleidung und den lebenswichtigen Medikamenten. Das Anlegen der Schwimmwesten, das ebenfalls bei der Infoveranstaltung am ersten Tag gezeigt wird, ist einfach und kann bereits mal vorab in der Kabine probiert werden – auch ohne Gefahr im Verzug.

Landausflüge

Bereits in den Katalogen der Veranstalter/Reedereien werden die angebotenen Landausflüge vorgestellt und mit den Buchungsunterlagen nochmals im Detail erläutert. Dennoch nehmen am Einführungsabend an Bord die Infos hierzu den längsten Teil ein, denn es wird auch mitgeteilt, wie viel bei einem solchen Ausflug zu Fuß gegangen werden muss oder wie viele Treppen zu steigen sind, um zu den Aussichtspunkten, z. B. Kloster Melk oder Stift Göttweig, zu gelangen.

Buchbar sind diese Ausflüge sowohl vor der Reise als auch an Bord. Hierbei sind immer die in den Tagesprogrammen angegebenen Anmeldeschlusszeiten zu beachten. Die Bordreiseleitung muss genügend Zeit haben, um Busse oder lokale Führer zu reservieren, die dann am Hafen auf die Landgänger warten. Abgerechnet werden diese Ausflüge über die Kabinennummer und können am Ende der Reise mit der Rechnung für Getränke und Extras bezahlt werden – auch mit allen gängigen Kreditkarten. Stornierungen ohne Geldverlust können in der Regel bis 24 Std. vor Ausflugsbeginn vorgenommen werden.

Jeden Abend wird das für den nächsten Tag anstehende Programm in einem kurzen Infobrief auf die Kabinen verteilt. Hierin steht alles zu den Hafenorten, die angefahren werden, den Treffpunkten für Landausflüge, den wichtigsten Sehenswürdigkeiten und den Essenszeiten.

Seit mehreren Jahren gibt es auch die Möglichkeit der Kreuzfahrt-Studienreise, wie sie von Studiosus Reisen München angeboten wird. Ein Studienreiseleiter begleitet die Gruppe während der gesamten Reise. Er hält interessante Vorträge an Bord, führt die Landausflüge und sorgt somit für einen durchgängigen roten Faden. Das Ausflugsprogramm ist bei dieser Variante im Reisepreis bereits enthalten (www.studiosus.de).

Die schönste Jahreszeit

Gibt es eine beste Reisezeit für eine Donaukreuzfahrt? Im Frühjahr, wenn die Vegetation erwacht, blühende Wiesen und Obstbäume die Ufer säumen und in den Städten das Flanieren und Shoppen mit einer Pause im Straßencafé unterbrochen werden kann? An Bord, eingehüllt in eine Wolldecke, lassen sich dann schon die ersten wärmenden Sonnenstrahlen genießen. Besonders prachtvoll zeigen sich die Gärten im April, wenn die vielen Obstbäume weiß und rosa erblühen. Der Sommer mit seinen langen Tagen und lauschigen Nächten auf dem Oberdeck? In den Hafenstandorten bietet sich die Möglichkeit zum Eintauchen ins »Nightlife«. »Haben Sie Wien schon bei Nacht gesehen?« Diese Frage Rainhard Fendrichs sollte am Ende der Reise mit Ja beantwortet werden können.

Oder vielleicht im ruhigeren Herbst, der die Donau in goldenes Licht taucht? Allerorten werden Weinfeste gefeiert und an Bord die kulinarischen Highlights der Regionen noch stärker in den Vordergrund gestellt. Der Winter wiederum besticht durch kristallklare Luft, sternklare Nächte, den Zauber der verschneiten Landschaften, ruhiges, z. T. besinnliches Abendprogramm an Bord, Christkindlmärkte, das Geläut der Glocken, evtl. sogar Feiertage an Bord mit Silvesterprogramm in einer der Donaumetropolen.

Themenkreuzfahrten

Immer beliebter werden bei Kreuzfahrtveranstaltern wie auch Kreuzfahrern Themenkreuzfahrten auf der Donau. Ob Flora und Fauna, Literatur, Musik, Malerei und Architektur, Gourmet- oder Aktivurlaub mit Wandern, Radfahren oder Golf – jedem individuellen Geschmack wird sein Programm geboten. Die Zeit ist lange vorbei, als die einzige Aktivität an Bord darin bestand, auf dem Putting Green ein paar Bälle einzulochen oder eine gepflegte Runde Shuffleboard zu spielen. Wie auf den Cruisern der Weltmeere ist es auch auf den Flüssen und ganz besonders auf der Donau möglich, das eigene Hobby mit einer Kreuzfahrt zu kombinieren.

Während das Frühjahr und der Sommer in der Regel mehr durch Sport bestimmt werden, verlagern sich im Herbst und Winter die Aktivitäten nach innen. Wer in der stillen Zeit des Jahres den Winterzauber der Donaulandschaft an Bord eines Schiffes genießen möchte, kann auch dieses tun. Bereits ab November sehen die Fahrpläne der Anbieter Kurzschifffahrten zwischen Passau und Wien (ab 5 Tage) vor.

Gourmetreisen à la carte

Kreuzfahrten eilt der Ruf voraus, dass auf ihnen viel und gut gegessen wird, und in den meisten Fällen stimmt das auch. Um den Anspruch nach gutem Essen noch ein wenig mehr zu erfüllen, werden auf der Donau wahre Gourmetreisen angeboten. An dem Kurs der Schiffe ändert das nichts, und auch die Hafenorte bleiben die gleichen, doch meist ist bei solchen Spezialreisen ein bekannter Sternekoch mit an Bord. Spezielle Menüs, geografisch auf die Produkte der Reiseziele abgestimmt und mit Weinen der Region abgerundet, werden serviert. Im Idealfall bieten die Spitzenköche dann auch einen gemeinsamen Rundgang über die Märkte von Budapest, Wien und die Bauernmärkte entlang der Donau an. Aus erster Hand erhält der engagierte Laie Tipps zum Einkauf: Wie erkenne ich, ob der Fisch tatsächlich fangfrisch ist und das Obst reif und nicht nur schön aussieht? Bei geselligen, moderierten Gesprächen an Bord kann den Meistern vielleicht ein kleines Küchengeheimnis entlockt werden.

Weininteressierte werden auf der Donau von mitreisenden Sommeliers in die vielfältigen und abwechslungsreichen Anbaugebiete entlang dem Fluss eingeführt. Ab der Wachau reihen sich klangvolle Regionen aneinander, und an Bord lässt

Die Schleuse von Gabčikovo (▶ MERIAN TopTen, S. 75) ist ein technisches Meisterwerk. Die Schiffe werden fast wie in einem Lift an das neue Niveau angepasst.

sich hervorragend über die Merkmale und Qualität von Grünem Veltliner, Zweigelt, Blaufränkischem und Tokajer philosophieren. Österreichischer Wein hat z. B. dank einem der strengsten Weingesetze der Welt wieder an Wert gewonnen. Bei einer vom Sommelier an Bord gegebenen Einführung kann das eigene Geschmacksempfinden getestet werden. Schmecken Sie aus dem Wein den Duft von frisch gemähtem Heu, den Geruch von Pfeffer oder den Duft reifer Limetten heraus?

Mit Rad und Wanderstiefeln

Eine Städtereise mit einer Flusskreuzfahrt zu verbinden und dabei dem Aktivurlauber entgegenzukommen ist längst kein Problem mehr. Fahrräder werden bereitgestellt, und so können – je nach Fitness – Touren unterschiedlicher Länge, begleitet von ortskundigen Führern, vom Anlegehafen der Schiffe aus unternommen werden. Mit dem Rad geht es dann entlang des berühmten Donauradwegs oder abseits davon zu landschaftlich reizvollen Zielen. Egal ob eine Stadterkundung per Rad in Wien, eine Fahrt durch die Auenlandschaften oder – mit schöner Aussicht ins Donautal – auf die Hügel, die den Fluss begleiten.

Wer lieber die Wanderschuhe schnürt: Von ortskundigen Führern begleitet, finden manchmal nach kurzer Anfahrt mit dem Bus Wanderungen auf leichten Wegen in die Natur statt. Nicht das Fernglas vergessen! Immer wieder bieten sich Möglichkeiten, die reiche Vogelwelt zu beobachten (u. a. Donau-Auen, Altarme der Donau, Uferböschungen).

Zum Abschlag von Bord

Für Golfer ist bereits das Greenfee bezahlt, die Abschlagzeiten sind reserviert und der Transfer zu den Plätzen ist organisiert. Wer will, hat sein eigenes Golfset dabei, kann es aber auch bei den jeweiligen Clubs leihen. Golf Carts stehen zur Verfügung und sind vor allem auf den hügeligeren Plätzen eine Erleichterung. Allerdings: Der Spaß am Spiel sollte im Vordergrund stehen und nicht die Jagd nach dem Handicap. Die Flights werden sicher nicht immer nach Spielstärken zusammengestellt. Es kann daher auch dazu kommen, dass ein Golfer mit einstelligem Handicap in einer Gruppe ist mit einem Spieler, der gerade Platzreife besitzt. Aber wer weiß, vielleicht schlägt ja gerade der ungeübte Anfänger den Spielstarken beim Putting-Wettbewerb an Deck.

Musik liegt in der Luft

Donau und Musik ist nicht allein der Donauwalzer. Jeder Veranstalter von Donaukreuzfahrten hat mindestens eine Reise in seinem Angebot, bei der spätestens ab Ungarn eine Trachtengruppe an Bord kommt. Die zumeist jungen Leute zeigen folkloristische Tänze und spielen traditionelle Musik. Wer etwas mehr über Musik erfahren möchte, fundiert durch Lektoren an Bord und bei Ausflügen erläutert, kann dieses während einer Themenkreuzfahrt mit Schwerpunkt Musik (u. a. bei A-Rosa, Lüftner Cruises, Viking River Cruises oder auf der »River Cloud II«). An ausgewählten Standorten und in den Hauptstädten werden dabei Abendkonzerte angeboten, die zum Teil bereits im Reisepreis enthalten sind. Ebenso werden Ausflüge zu Orgelkonzerten in einer der imposanten Kirchen und im Stift Melk unternommen. Ein Besuch in der Wiener Staatsoper, der Volksoper oder den Opernhäusern von Budapest und Bratislava sollte möglichst frühzeitig über den Veranstalter gebucht werden. Die Kartenkontingente sind begrenzt und daher schnell vergriffen.

Winter auf der Donau

Wenn in Passau, Linz, den Orten der Wachau, Wien und Budapest der Duft von Glühwein, Lebkuchen und gebrannten Mandeln von den Christkindlmärkten die besinnliche Jahreszeit einläutet, scheint die Fahrt auf einem Schiff noch geruhsamer zu sein als in der übrigen Zeit des Jahres. Nach dem Aufstehen macht ein Spaziergang an Deck mit Blick auf zum Teil verschneite Hänge entlang des Donauufers Lust auf ein gemütliches Frühstück. Wenn Ende November und Anfang Dezember noch morgendliche Nebelfelder auf der Donau liegen, verströmt das Restaurant behagliche Ruhe. So eingestimmt lässt dann auch ein Ausflug zu Lebkuchenbäckern und Holzschnitzern, in Krippenausstellungen und Klöster, zu historischen Christkindlmärkten oder ein privater Spaziergang in die stimmungsvoll dekorierten Städte Vorfreude auf Weihnachten aufkommen. Stimmungsvoll klingt ein solcher Tag mit einem wärmenden Punsch an Deck aus.

Weihnachten und Silvester

Festliches Ambiente und weihnachtliche Stimmung herrschen während der Weihnachtstage auf den Schiffen vor. Die Menüs und Buffets im Restaurant sind an die besonderen Tage angepasst, und nach ruhigen, besinnlichen Ausflügen ist ein feines Essen ein willkommener Luxus. Höhepunkt ist der Heiligabend mit klassischer Unterhaltung, Festessen bei Kerzenschein und entspannter Atmosphäre. In den meisten Fällen besteht am 1. Weihnachtstag die Möglichkeit, die Christmesse in einem der Donauorte zu besuchen.

Fast alle Veranstalter bieten zwischenzeitlich auch die Möglichkeit, die Silvestergala auf der Donau zu verbringen und auf das neue Jahr vor der Kulisse und dem Feuerwerk einer der Metropolen entlang des Flusses anzustoßen. Sollte das Schiff an Silvester in Budapest angelegt haben, sollten Sie auf keinen Fall die Lichterfahrt am Abend verpassen. Sie ist an jedem Abend schön, am letzten Abend im Jahr aber besonders stimmungsvoll. Dann ist Budapest wirklich »die Königin der Nacht«. Der 1. Januar beginnt dann mit einem leckeren, ausführlichen Brunch und der ersten Entdeckungstour im neuen Jahr.

Im Winter auf der Donau

Der Winter kann auf der Donau recht kalt werden. Bei Temperaturen um die -25 °C fällt es schwer, längere Zeit an Deck zu verbringen. Daher ist es dringend zu empfehlen, warme Pullover, Kopfbedeckung, Handschuhe und dicke Jacken mit im Gepäck zu haben. Da die Schiffe gut temperiert sind, sollte dabei beim Anziehen das »Zwiebelsystem« angewendet werden. Immer bereit, eine Schicht abzulegen, wenn es nach drinnen geht, und umgekehrt eine Schicht dazu, wenn es an die frische Luft geht. Schiffe mit französischer Balkontür sind immer dann ideal, wenn die Außentemperaturen angenehm sind, bei Winterfahrten kann auf diesen Komfort verzichtet werden. Wer sich jedoch nicht ständig der klimatisierten Luft in der Kabine aussetzen möchte, sollte sich diesen Luxus gönnen.

Grüner reisen

Um dem Wunsch zahlreicher Gäste gerecht zu werden, haben sich viele Veranstalter von Flusskreuzfahrten auf der Donau die Einhaltung ökologischer Grundsätze zum Ziel gesetzt. So werden z. B. bei den Buffets auf Einwegverpackungen verzichtet, die Handtücher in den Kabinen nur auf Wunsch jeden Tag gewechselt, und die Toiletten der Schiffe sind mit Vakuumpumpen ausgestattet. Und mit der Verpflichtung zur »green certification« gilt es als oberstes Anliegen, die natürlichen Ressourcen entlang der Flüsse zu bewahren.

Während einer Kreuzfahrt auf der Donau bieten sich Ihnen viele Möglichkeiten, sich an Land umweltbewusst zu verhalten und Menschen zu unterstützen, denen ein verantwortungsvoller Umgang mit der Natur am Herzen liegt, beispielsweise durch den Besuch von Restaurants, die (Bio-)Produkte aus der Region verwenden, oder dem Einkauf in kleinen Läden, die noch traditionelle Produkte fertigen. Auch beim Gang über die Bauernmärkte der Städte lohnt es sich, nach frischen regionalen Obst- und Gemüsesorten zu suchen. Es macht Freude, sie zu entdecken, und sie sind von hoher Qualität.

Grüne Empfehlungen sind durch dieses Symbol gekennzeichnet.

Essen und Trinken

Kulinarische Genüsse aus der Region werden an Bord und an Land serviert. Begleitet werden sie von einer Auswahl vorzüglicher Weine, die oft aus lokalem Anbau stammen.

◂ Die Gulaschsuppe – doch Ungarn hat kulinarisch auch noch anderes zu bieten.

Auf der Donau geht es jederzeit genussvoll zu, aber auch hier macht die Auswahl des Schiffes den kleinen Unterschied. Auf den exklusiven Kreuzern wird an der Rezeption eine Tischreservierung für das Restaurant vorgenommen, die für die dabei festgelegten Essenszeiten immer an einem bestimmten Tisch einen Platz zuweist. Das ist der Fall, wenn überwiegend Menüs serviert werden. Bei anderen Schiffen (u. a. »Arosa«) gilt freie Platzwahl, und die Mahlzeiten sind Büfetts.

Regionale Spezialitäten

Die geografische Buntheit des Donauraumes spiegelt sich in den Töpfen der Köche wider. Zu Beginn der Reise werden zunächst deftige bayerische Schmankerl den Gaumen verwöhnen. Ein paar Flusskilometer weiter abwärts wird die Küche mit österreichisch-böhmischen Speisen feiner, bis sie um die von den stark ländlich geprägten Küchen Ungarns und Serbiens erweitert wird. Die zum Essen gereichten Weine sind ebenso abwechslungsreich. Schon König Ludwig XIV. meinte, der ungarische Tokajer sei der »König der Weine, Wein der Könige«. Ein trockener Veltliner aus der Wachau, ein Zweigelt aus Krems oder die Weine Serbiens sind eindrucksvolle Geschmackserlebnisse. Gute Weinsorten werden ebenso im Hügelland Ungarns rund um den Balaton, den Plattensee und im Grenzgebiet zu Österreich gekeltert.

Neben ihrem Ruf als Weinbaugebiet von Weltrang hat sich die Wachau auch als Obstgarten einen Namen gemacht. Egal ob in Knödeln, in Kuchen und Strudeln, als Marmelade oder köstlicher Edelbrand, an der Wachauer Marille kommt man nicht vorbei. Untrennbar mit der Region verbunden ist das Wachauer »Laberl«: ein rundes Brötchen aus Roggen- und Weizenmehl. Überrascht ist der Reisende oft darüber, dass so manches Gericht ganz anders zubereitet wird, als er es kennt. Ungarisches Gulasch ist nämlich ein als Vorspeise gereichter Eintopf und kein Hauptgericht. Die Gulaschsuppe (»gulyásleves«) gibt es in zahlreichen Variationen auf jeder Speisekarte.

Berühmt ist »pörkölt« (in Würfel geschnittenes Geschmortes). Gefüllte Paprikaschoten (»töltött paprika«), Kohlrouladen (»töltött káposzta«) oder gefüllter Blumenkohl (»töltött karfiol«) sind ebenfalls traditionelle Speisen. Nicht entgehen lassen: Paprikahuhn (»paprikás csirke«). Vorsicht vor dem äußerst scharfen Kirschpaprika! Ihn erhält man dekorativ auf Schnüre gebunden, und selbst mancher Ungar sagt, dort sollte er auch am besten bleiben. Wer Nachspeisen liebt, ist in Ungarn genau richtig mit Quarkklößen (»túrógombóc«) und Strudel (»rétes«), der mit Quark, Mohn oder Kirschen gefüllt wird.

Die Serben sind stolz auf die Grillspezialitäten »cevapcici« (gegrillte Hackfleischröllchen), »raznjici« (Fleischspieße) oder »pljeskavice« (gegrilltes Hackfleisch).

Empfehlenswerte Restaurants finden Sie bei den Orten im Kapitel ▸ Unterwegs auf der Donau.

Preise für ein dreigängiges Menü:
€€€€ ab 25 €   €€€ ab 20 €
  €€ ab 14 €   €   bis 14 €

Einkaufen

Eine Shoppingtour darf natürlich auch bei einer Kreuzfahrt nicht fehlen. Auf vielen Stationen der Reise locken Boutiquen, Spezialitätenläden und Märkte mit hübschen Mitbringseln.

◄ Die zentrale Markthalle (▶ S. 85) in Budapest ist ein Gourmet-Paradies.

Die vielen schönen Städte entlang der Reiseroute laden ein zu einer kleinen Shoppingtour. Es beginnt bereits in Passau, wo noch vor dem Ablegen des Schiffes ein Bummel durch das malerische Gassenviertel unternommen werden kann. Die interessantesten Geschäfte (vor allem Boutiquen und kleine Spezialitätenläden) findet man am Rindermarkt, in der Grabengasse, der Brunn- und der Großen Klingergasse sowie beim Altstadtbummel.

Mode oder Markt?

Mit Fred Adlmüller und Helmut Lang bietet Wien zwei Modeschöpfer mit Weltruf. Berühmte Einkaufspassagen sind am eleganten Kohlmarkt, am exklusiven Graben und an der Ringstraße zu finden. Beide Straßen, die bekannten Kärntner Straße und Mariahilfer Straße, sind geprägt durch geschäftige Betriebsamkeit. Sie sind die beiden traditionellen Einkaufsstraßen der Wiener mit z.T. großen Kettengeschäften der europäischen Bekleidungshäuser. Hier finden sich auch klassische Urlaubsmitbringsel wie Musik-CDs mit Walzerklängen, Miniatur-Lipizzaner aus Porzellan etc.

In Budapest wären diese Straßen mit der Váci utca zu vergleichen. Dort ist aber auch am Großen Ring (Magarethenbrücke bis Rákóczi út) ein dichtes, lebhaftes Geschäftsviertel entstanden. Sehr beachtenswert: die Hinterhöfe und kleinen Geschäfte in Torgängen. Hier wird Neugierde belohnt! Wer will, kann natürlich Maß nehmen lassen und sich ein paar echte Budapester Herrenschuhe anfertigen (▶ S. 85) und nach Hause schicken lassen.

Märkte sind ein Muss, ob in Wien der Naschmarkt, die Flohmärkte am Wochenende oder die Markthallen in Budapest. In Belgrad gehören die Bauernmärkte (»pijaca«) zu den Sehenswürdigkeiten, die man sich nicht entgehen lassen sollte. Besonders interessant sind sie an Wochenenden (geöffnet 6–19 Uhr). Die bekanntesten sind Kaleniceva pijaka, ein großer Marktplatz zwischen den Straßen Njegoseva und Maksima Gorkog und Bajlonijeva pijaca, zu dem über 100 000 Kunden täglich in die Djordja Vasingtona ulica strömen. In Novi Beograd befindet sich mit dem Pijaka OTC der größte Marktplatz der Stadt. Hier wird alles außer Lebensmitteln unter dem Motto »Von der Nadel bis zur Lokomotive« angeboten.

Es gibt einfach alles

Handgefertigte Pullover und andere Strickwaren, geschnitzte Holzfiguren sowie Lederwaren findet man in Belgrad auf Marktplätzen und bei Straßenverkäufern. Als Souvenirs bieten sich auch Kupfererzeugnisse, filigraner Silberschmuck, Kristallvasen oder -gläser und Keramikwaren an. Wer es typisch mag, kauft »opanci«, einfache Bauernschuhe aus Leder. Diese sind nur echt, wenn die Schuhspitze nach oben gezogen ist! Auch wenn Pflaumenschnaps in vielen Ländern hergestellt wird, die Serben betrachten ihren »šljivovica« als den einzig echten und natürlich auch besten.

Empfehlenswerte Geschäfte und Märkte finden Sie bei den Orten im Kapitel
▶ **Unterwegs auf der Donau.**

Budapest (▶ S. 78) wird durch die Donau in zwei Teile geteilt. Brücken verbinden das hügelige Viertel Buda mit dem flachen Pest.

Unterwegs auf der **Donau**

Wie ein großer Panoramafilm ziehen die schönsten Landschaften Europas gemächlich am Donaureisenden vorbei und laden zum näheren Kennenlernen ein.

Passau

Den Auftakt zur Donaukreuzfahrt bildet ein Besuch in der malerischen Dreiflüssestadt mit dem imposanten Dom und dem bildschönen Stadtkern. Danach heißt es »Leinen los!«.

Passau E 4

51 800 Einwohner
Stadtplan ▶ S. 29

Die klassische Donaukreuzfahrt beginnt in der Dreiflüssestadt Passau, wo sich die Donau und der Inn treffen. Der dritte Fluss ist die von Norden her einmündende Ilz. Zwischen der Ortsspitze, dem Zusammenfluss der drei Flüsse, und der Schanzlbrücke legen die meisten Donauschiffe an. Von hier aus sind es 579 km bis Budapest und 2226 km bis zum Schwarzen Meer.

Bereits 739 wurde Passau zum Bischofssitz mit Diözese und erhielt vor der Jahrtausendwende Stadtrecht. Mit dem steten Bedeutungsgewinn der bischöflichen Grundherrschaft wuchs auch der Einfluss der Stadt Richtung Böhmen und donauabwärts. Zur wirtschaftlichen Blüte entwickelte sich die Stadt vor allem im Zusammenhang mit dem Salzhandel. Das »weiße Gold« aus den Salinen Reichenhall und Hallein wurde mit Schiffen über Salzach und Inn nach Passau befördert. Nach kurzem Transport über die Donau gelangte das Salz nach Böhmen. Der steigende Bedarf garantierte Passau eine Blüte bis ins 16. Jh. Im Verlauf der Jahre ging jedoch nicht nur die wirtschaftliche Bedeutung

◂ Ein Besuch der Altstadt und des Stephansdoms (▸ S. 27) müssen sein.

der Stadt verloren, sondern mit der Gründung der Diözesen Linz, Wien und St. Pölten auch die geistliche. 1803 erfolgte dann die Eingliederung nach Bayern. Heute ist Passau eine moderne Universitätsstadt, die durch ihre Schönheit besticht. Wegen des immer wieder anzutreffenden italienischen Barocks, des Flairs und der vielen Uferpromenaden, die zum Spazierengehen einladen, spricht manch einer auch gern vom »Venedig der Donau«.

SEHENSWERTES

Dom St. Stephan ▸ S. 29, b 2

Der Dom, erbaut auf der höchsten Stelle zwischen Donau und Inn, wird als Bischofskirche erstmals 730 erwähnt und besaß bereits um 450 in der spätantiken Batavis eine Vorgängerkirche. Ein Stadtbrand 1662 hat von den früheren Bauphasen keine sichtbaren Spuren hinterlassen. Nur der spätgotische Ostteil (1407–1560) konnte in den barocken Neubau des italienischen Baumeisters Carlo Lurago (1668–1693) integriert werden, der den größten barocken Kircheninnenraum nördlich der Alpen und die bedeutendste Barockkirche italienischer Prägung auf deutschem Boden erdachte. Giovanni Battista Carlone schuf eine beeindruckende Innenausstattung mit üppigem Stuckwerk und Altaraufbauten im Stil des italienischen Hochbarocks. Die vergoldete Kanzel, ein wahres Prachtwerk des Hoftischlers Johann Georg Series, entstand 1726 in Wien. Domplatz • www.bistum-passau.de/dom-st-stephan • Sommer tgl. 6.30–19, Winter 6.30–18 Uhr

– Gottesdienste: Mo–Sa 7.30, So 7.30, 9.30 und 11.30 Uhr
– Orgelkonzerte: Mai–Okt. Mo–Sa 12, Do 19.30 Uhr • Eintritt 5 €, erm. 2 €

Rathaus ▸ S. 29, c 2

Das heutige Rathaus entstand 1393. Die Turmspitze sollte dem gegenüber in der Veste Oberhaus residierenden Bischof signalisieren, dass die Bürger der Stadt den Kampf aufnehmen. Die Stadtbrände von 1662 und 1680 zerstörten das Rathaus bis auf die Gewölbe und Grundmauern. Der alte Rathausturm musste wegen Baufälligkeit 1811 abgetragen werden. 1891 wurde ein neuer Turm im neugotischen Stil errichtet. Am Rathausturm weisen die Hochwassermarken der vergangenen Jahr-

📷 FotoTipp

DIE SCHWIMMENDE STADT

»Die schwimmende Stadt« steht für den malerischen Blick im Zusammenfluss von Donau und Inn auf die Stadtsilhouette. Ideal für ein Foto: bei der Ausfahrt am späten Nachmittag bei tief stehender Sonne im Gegenlicht vom Heck des Schiffes oder am frühen Morgen bei der Ankunft mit leichten Nebelschwaden vom Bug. ▸ S. 33

hunderte darauf hin, wie sehr die Altstadtbevölkerung durch diese immer wieder auftretende Naturkatastrophe leiden musste und muss.

Universität und Campus
▸ S. 29, westl. a 3

Schon öfters zu einem der schönsten Deutschlands gewählt, ist der Campus auf jeden Fall einen Besuch wert.

Sowohl vom Nikolakloster am Residenzplatz oder entlang der Innpromenade, vorbei an der spätestens ab dem Frühjahr als Grillplatz oder Treffpunkt von Studenten genutzten Uniwiese, ist das Universitätsgelände gleich im Anschluss an die Innenstadt schnell zu erreichen. Die Hochschule mit ihren vier Fakultäten Wirtschaftswissenschaften, Informatik und Mathematik sowie Juristische und Philosophische Fakultät ist eine vergleichsweise junge Universität, hat aber trotzdem eine lange Geschichte. Die über 12 000 Studenten sind zu einem wichtigen Bestandteil des kulturellen Lebens der Stadt geworden. Spätestens dank ihrer tatkräftigen Hilfe bei den immer wieder auftretenden Hochwassern in der Stadt sind sie bei allen Passauern zu »unseren Studenten« geworden. Da drückt auch ein Alteingesessener schon mal ein Auge zu, wenn es in den Kneipen der Altstadt etwas lauter zugeht.

MUSEEN UND GALERIEN

 Museum Moderne Kunst

▶ S. 29, d 2

Kunst des 20. und 21. Jh. in einem aufwendig sanierten Haus aus dem 16. Jh. Ehemals als Priesterhaus genutzt, wurde es nach 1870 zum bürgerlichen Wohnhaus. Eine kulturelle Visitenkarte ersten Ranges sind die Ausstellungen im Museum Moderne Kunst Stiftung Wörlen.
Bräugasse 17 • www.mmk-passau.de • Di–So 10–18 Uhr • Eintritt 6 €, Kinder frei

Museum Oberhaus ▶ S. 29, c 1

Mit 65 000 m² zählt die Veste Oberhaus zu den mächtigsten Burganlagen Europas. Von 1822 bis 1918 zur Militärstrafanstalt des Königreiches Bayern bestimmt, wurde sie 1932 in ein Museum umgewandelt.
Veste Oberhaus 125 • www.oberhausmuseum.de • Mitte März–Mitte Nov. Mo–Fr 9–17, Sa, So 10–18 Uhr • Eintritt 5 €, Kinder unter 6 Jahren frei

SPAZIERGANG

Stadtplan ▶ S. 29

Ausgangspunkt für einen Stadtrundgang ist der **Rathausplatz**, auf dem von 1000 bis 1842 der Fischmarkt der Stadt abgehalten wurde. Das Rathaus mit seinem markanten Turm steht als Symbol für den über 200 Jahre währenden Kampf der Bürger gegen die Vorherrschaft der fürstbischöflichen Macht.

Zwischen Altem und Neuem Rathaus am Rathausplatz befindet sich das Glasmuseum. Vier Altstadthäuser am Rathausplatz wurden 1985 von der Familie Höltl zum »Wilden Mann« vereint und zu dem renommierten Hotel (▶ S. 30) und dem Glasmuseum (tgl. 9–17 Uhr, Eintritt 7 €) ausgebaut. Es beherbergt mit über 30 000 Gläsern die weltweit größte Sammlung Böhmischen Glases (1700–1950).

Die Schrottgasse hinauf geht es nach rechts zum schönsten Platz der Stadt, dem **Residenzplatz**, früherer Marktplatz. Er besticht durch seine geschlossene barocke Bebauung. Diese wird unterstrichen durch das für den Raum zwischen Innsbruck, Salzburg und Passau typische Inn-Salzach-Haus mit waagerechten Vorschussmauern und Grabendach. Auf dem über hundert Jahre alten Wittelsbacherbrunnen symbolisieren drei Putten Passaus Flüsse Donau, Inn und Ilz. Vorbei an der **Neuen Residenz** mit dem Rokoko-

Treppenhaus geht es durch die Zengergasse zum **Stephansdom** mit seinem imposanten Inneren und der berühmten Orgel. Durch die Grabengasse geht es vorbei an der Fußgängerzone in das verwinkelte **Gassenviertel**. Weiter zur Ortspitze mit dem **Drei-Flüsse-Eck**. Hier vereinen sich Donau, Inn und Ilz.

Zurück auf dem Rathausplatz gelangen Sie mit einem Pendelbus oder zu Fuß über die Hängebrücke und dann den Hang über die Stiege hinauf zur **Veste Oberhaus**. Fürstbischof Ulrich erbaute 1219 die Trutzburg unter dem Namen Georgsburg. Wo es ein Oberhaus gibt, muss es auch ein Unterhaus geben. In Passau entstand

dieses in der ersten Hälfte des 14. Jh. als **Wasserveste** im Mündungsbereich der Ilz in die Donau. Im 15. und 18. Jh. wurde die Burganlage zur Sicherung fürstbischöflicher Macht erweitert und ausgebaut.

Bei Ihrer Abfahrt von Passau sollten Sie unbedingt einen Blick zurück auf die Silhouette der Stadt werfen.

ÜBERNACHTEN

Hotel Schloss Ort ▶ S. 29, d 2
Altehrwürdig • Das alte Schlossgemäuer von 1250 ist die richtige Adresse für Romantiker. In ruhiger Lage zwischen Inn und Donau bietet es schöne Gästezimmer – moderne Ausstattung.
Ort 11 • Tel. 08 51/3 40 72 • www.schlosshotel-passau.de • 18 Zimmer • €€

MERIAN Tipp

SCHARFRICHTERHAUS ▶ S. 29, c 2

Wer bislang Kabarett in Passau nur mit dem Politischen Aschermittwoch verband, wird überrascht sein, dass hier mit dem »ScharfrichterBeil« eine der namhaftesten Auszeichnungen für Nachwuchskabarettisten verliehen wird. Über das ganze Jahr hinweg finden im ScharfrichterHaus Veranstaltungen in den Bereichen Jazz, Kabarett, Chanson und Theater sowie Lesungen statt. Immer provokant und von ausgewählter Klasse. Wenn der Scharfrichter zuschlägt, kann manchmal eine schwarze Stadt rote Ohren bekommen. Kaffeehaus mit dem morbiden Ambiente eines mittelalterlichen Gefängnisgewölbes.
Milchgasse 2 • Tel. 08 51/3 59 00 • www.scharfrichterhaus.de

Wilder Mann ▶ S. 29, c 2
Traditionshaus • Noch immer ist man stolz auf einen der berühmtesten Gäste, die Wittelsbacherin Elisabeth, Kaiserin von Österreich. Sie verbrachte 1862 acht Tage im Wilden Mann. Neben stilvollen Doppelzimmern sind die historischen Appartements von König Ludwig II. und Kaiserin Elisabeth II. zu buchen.
Am Rathausplatz • Tel. 08 51/3 50 71 • www.wilder-mann.com • 49 Zimmer • €€

ESSEN UND TRINKEN

Goldenes Schiff ▶ S. 29, c 2
Gesund und schmackhaft • Bayerische Kost als Slow Food aus regionalen Produkten. Mit kleinem, ruhigem Biergarten.
Unterer Sand 8 • Tel. 08 51/3 44 07 • www.goldenesschiff.de • tgl. 11.30–24 Uhr • €€

Heilig-Geist-Stiftsschänke
▶ S. 29, westl. a 2
Historisches Gemäuer • Der über 1000-jährige Stifts-Gewölbekeller ist wohl der gemütlichste Platz in Passau, um Schmankerln bayerischer und niederösterreichischer Küche wie Donau-Waller »blau« und Wachauer Tafelspitz zu genießen. Zum Dessert gibt's »Schlosserbuam« (ausgebackene Dörrpflaumen mit Vanillesoße). Empfehlenswert ist der Passauer Stiftswein, ein Riesling vom hauseigenen Anbaugebiet in Krems.
Heilig-Geist-Gasse 4 • Tel. 08 51/26 07 • www.stiftskeller-passau.de • Do–Di 11–24 Uhr • €€

Zum Fliegerbauer
▶ S. 29, westl. a 1
Grüner Genuss • Ohne Zusatzstoffe oder Fertigmischungen werden in

Die heutige Orgel auf der Westempore des Stephansdoms (▶ S. 27) wurde 1928 eingeweiht und war zu dieser Zeit mit ihren 208 Registern die größte Orgel der Welt.

diesem Bio-Wirtshaus regionale Produkte der jeweiligen Jahreszeiten frisch zubereitet. So kann auch bei Lebensmittelunverträglichkeiten reagiert werden und die Küche den jeweiligen Bestandteil weglassen.
Stelzlhof 1 • Tel. 08 51/9 88 34 39 • www.biowirtshaus.de • Mo–Do 17–24, Fr–So 11–24 Uhr • €€

EINKAUFEN
Café Simon ▶ S. 29, a 2

Die Alt-Passauer Goldhauben-Pralinen werden mit echtem Blattgold verziert und gegessen. Sie sind eine Premium-Spezialität der Passauer Traditions-Confiserie.
Am Rindermarkt 10 • Tel. 08 51/4 90 95 69 • www.pralinen-galerie.de • Mo–Sa 8–18, So 9.30 –18 Uhr

mymuesli ▶ S. 29, a 2

Drei Studenten der Universität Passau gründeten 2007 eine Internetfirma, bei welcher Müslifans online ihr persönliches Bio-Müsli zusammenstellen können. Der Basismischung werden, individuell nach Geschmacksvorlieben und Verträglichkeit, zusätzlich Früchte, Nüsse, Kerne oder Samen hinzugefügt. Im Laden in der Theresienstraße können die eigenen Müslikreationen gleich mitgenommen werden. Es gibt 55 Läden in Deutschland, Österreich und der Schweiz.
Theresienstr. 5 • www.mymuesli.com • Mo–Fr 7.30–19, Sa 10–17 Uhr

SERVICE
AUSKUNFT
Tourist Information ▶ S. 29, c 2

Neues Rathaus, Rathausplatz 3 • 94032 Passau • Tel. 08 51/95 59 80 • www.passau.de • Ostern–Sept. Mo–Fr 8.30–18, Sa, So 9–16, Okt.–Ostern Mo–Do 8.30–17, Fr 8.30–16, Sa, So 10–15 Uhr

Von Passau nach Linz

Burgen und Klöster ziehen langsam vorbei. Ein landschaftlicher Höhepunkt ist die eindrucksvolle Schlögener Schlinge, eine Haarnadelkurve der Donau.

◀ In der Schlögener Schlinge (▶ S. 35)
wechselt die Donau die Laufrichtung.

Schon die ersten Kilometer entlang der Donau begeistern. Es scheint, als wolle der Fluss gleich zu Beginn der Reise all seine Schönheit unter Beweis stellen. Enge Talpassagen mit steilen bewaldeten Hängen, an denen wie Adlerhorste mittelalterliche Burgruinen thronen, malerisch gelegene Ortschaften, deren bunte Fassaden vom Ufer aus leuchten, und blühende Wiesen und Felder wechseln einander ab.

In Passau ist die Donau im Anlegebereich der Schiffe zwischen Hängebrücke und Schanzlbrücke nicht breit genug, um ein Wendemanöver vorzunehmen. Daher müssen einige, meist längere Schiffe zunächst ein kurzes Stück flussaufwärts fahren. Nach dem Passieren der Hängebrücke sollte man nicht den Blick zurück vergessen: auf die **Veste Niederhaus** und den Mündungsbereich der Ilz in die Donau – ein schönes **Fotomotiv** mit der über allem thronenden **Veste Oberhaus** und gegenüber die spitz zulaufende Landzunge der Ortspitze sowie die Mündungsstelle des Inns in die Donau.

A-rosa, ein deutsches Unternehmen, startet seine Flusskreuzfahrten im österreichischen Engelhartszell. Hierdurch werden abendliche Wartezeiten an einer der Schleusen eingespart (Transfers ab Passauer Bahnhof per Bus, Taxi einfach ca. 40 €).

Vereinigung der Flüsse

Im Frühjahr, nach der Schneeschmelze in den Alpen, kann hier ein kleines Naturschauspiel beobachtet werden. Der sehr schnell fließende Inn bringt das vom Schmelzwasser und mitgeführten Sedimenten hellcremefarbene Wasser, während die langsam fließendere Donau und die Ilz dunkles, fast schwarzes Wasser herbeiführen. Nach dem Zusammentreffen der drei Flüsse fließen dann Donau und Ilz, vereint und für jeden sichtbar, neben dem Inn – helles Wasser neben dunklem –, bis sie nach einer der nächsten Flussbiegungen gemeinsam den Weg zum Schwarzen Meer aufnehmen. Noch im Stadtgebiet von Passau, bei den neuesten Anlegestellen für Flusskreuzfahrtschiffe, wird die Donau »zweigeteilt«, zumindest was die Staatszugehörigkeit angeht. Bis nach Jochenstein gehört die rechte Uferseite zu Österreich und die linke

Beginn und Ende
In Passau, wo für Kreuzfahrer die Reise erst losgeht, ist sie für das Flüsschen Ilz nach 65 km und für den großen Inn nach 517 km zu Ende.

Inn-Geschichten
Der Inn entspringt am Malojapass im Engadin, durchfließt unter anderem den St. Moritzersee, kommt dann an Innsbruck, Rosenheim und Wasserburg vorbei und ist meist nur zwischen Kufstein und der Mündung schiffbar.

Artenvielfalt

Die an den Donauleiten vorkommende Östliche Smaragdeidechse gehört zu den Echten Eidechsen und ist neben ihrer westlichen Schwester die größte ihrer Art in Deutschland.

zu Deutschland, die Grenze verläuft in der Flussmitte. Kurz hinter Passau durchquert die Donau für längere Zeit ein wunderschönes Engtal. Die mit 290 bis 550 m zum Teil recht steilen Hänge gehören am linksseitigen Ufer zum **Naturschutzgebiet Donauleiten**; 400 verschiedene Pflanzen- und unzählige Tierarten haben hier ihren Lebensraum. Bei genauem Hinhören kann von Bord das Trommeln der Spechte, der Ruf des Pirols oder das Zirpen der Grillen vernommen werden. Bewaldete Hänge werden immer wieder von stolzen Burgen oder Ruinen unterbrochen. Die erste ist **Burg Krämpelstein**, das »Schneiderschlössl« (14. Jh.), nur 10 Flusskilometer nach Passau. Eine Sage rankt sich um diese am rechten Ufer gelegene Ruine: Einst soll ein Schneider wütend seine letzte, kurz zuvor verendete Ziege über die Burgmauern zur Donau hinuntergeworfen haben. Da er sich bei diesem Wutakt in den Hörnern des Tieres verfing, wurde er selbst in die Tiefe gezogen und ertrank im Fluss.

Nach kurzer Weiterfahrt wird an der linken Uferseite der Marktort **Obernzell** passiert, der letzte deutsche Ort vor der österreichischen Grenze, mit der ehemaligen Sommerresidenz der Passauer Bischöfe (16. Jh.).

Die erste Schleuse

Bevor in Jochenstein die erste Schleuse durchfahren wird, ist auf einer Anhöhe (330 m) über dem Fluss die **Burg Vichtenstein** (11. Jh.) zu sehen. Die Staustufe **Jochenstein** (erbaut zwischen 1953 und 1956), eine Zweikammern- oder Doppelschleuse (24 x 240 m) mit einer Fallhöhe von 10,2 m, erbringt mit ihrem Wasserkraftwerk eine Jahresleistung von 94 Mio. kWh. Nach der Schleuse wird auf einer kleinen Felsinsel im Fluss die Statue des hl. Nepomuk sichtbar. Er soll laut Sage die Nixe Isa, eine Schwester der Loreley, mithilfe eines Madonnenbilds von dieser Insel vertrieben haben.

Für die Mannschaft an Bord ist das Ein- und Ausfahren in die Schleusen Routine, für die Passagiere an Bord jedes Mal ein spannender Moment. Gut, dass dieser sich immer deutlich ankündigt, denn das Schiff vermindert schon in gebührendem Abstand merklich die Fahrt. Solche Schleusenmanöver – auf der Wegstrecke nach Linz und weiter nach Wien gibt es zahlreiche – können jeweils bis zu 1 Stunde dauern. Diese vereinbarten Schleusenzeiten sollten auch eingehalten werden, denn es herrscht reger Verkehr

Sagenhafte Gestalt

Die Nixe Isa wohnte am Grunde des Jochensteins. Ihr Gesang lockte die Schiffer auf Felsen und Sandbänke, erst ein Madonnenbild vertrieb sie für immer.

auf der Donau. Millimeterarbeit ist erforderlich, zum Greifen nah sind die Schleusenwände. Ist das Niveau der aufgestauten Donau erreicht, öffnet sich die Kammer, und der Kapitän kann wieder Fahrt aufnehmen. Eingebettet in die zauberhafte Flusslandschaft liegt das Zisterzienserkloster **Stift Engelszell** in Engelhartszell. 1293 vom Passauer Bischof Wernhard von Prambach gegründet, wird es seit 1925 vom Trappistenorden mit geistigem Leben erfüllt.

Demut und Askese
Die Trappisten von Stift Engelszell lehnen wissenschaftliche Tätigkeiten ab, gehen schweigend Handwerk und Landwirtschaft nach.

Eindrucksvolle Schlögener Schlinge

Auf dem Weg von Engelhartszell folgen im kurzen Abstand: **Burg Rannaried** (14. Jh., in Privatbesitz), **Burg Wesenstein** (11. Jh. und im 16. Jh. zerstört) und **Burg Marsbach** (12. Jh., ehemals Residenz der Passauer Bischöfe, heute Schlosshotel).

Einen der ersten großen landschaftlichen Höhepunkte erreicht die Fahrt dann bereits kurz hinter Burg Marsbach mit der **Schlögener Schlinge.** Sie ist nur vom Schiff aus so richtig zu erfassen. Nach dem Ort Schlögen benannt, bildet die Donau hier zwei relativ enge Stromkehren, bei denen sie die Richtung jeweils um 180 Grad wechselt. In der ersten Kehre wird die **Burgruine Haichenbach** sichtbar. Wer bislang noch nicht mitbekommen hat, dass das Schiff eine Flussschlinge befährt, merkt es an der Burg, denn einmal ist sie von vorn und nach wenigen Metern von hinten zu sehen.

Römische Zeugnisse
Das Donaukastell in Schlögen war Teil eines Flottenstützpunktes, der vermutlich zu Batavia, dem römischen Passau, gehörte.

Bevor sich bei Eferding das ab Passau recht enge Tal zum **Eferdinger Becken** öffnet, wird bei Aschach erneut eine Doppelschleuse mit einer Fallhöhe von 15,3 m durchfahren. Dann aber weitet sich das Donautal wieder in eine fruchtbare Auenlandschaft mit großzügigen Schotterflächen beiderseits des Flusses. In kurzem Abstand folgt schon die nächste Staustufe bei Ottensheim mit einer Fallhöhe von 10,7 m.

Langsam nähert sich das Schiff dann **Linz**, der ersten größeren Stadt. Manche Veranstalter bieten von Oberösterreichs Landeshauptstadt einen Tagesausflug nach Salzburg an, während andere in Linz nur über Nacht Station machen. Einige Schiffe passieren die Stadt sowohl bei der Donauabfahrt als auch bei der »Bergfahrt« (donauaufwärts). Schon allein dieses Beispiel zeigt: Achten Sie bei der Wahl des Schiffes auch darauf, welche Häfen angesteuert werden und wie lange dort die Liegezeiten sind, sonst mag Ihnen der ein oder andere erhoffte Landausflug entgehen.

Linz

Österreichs größte Hafenstadt ist eine beachtenswerte Kulturstadt: mit einem kaiserlichen Schloss hoch über der Donau und modernen Museen wie beispielsweise dem Lentos Kunstmuseum.

Linz

E 4

204 846 Einwohner
Stadtplan ▶ S. 39

Linz liegt auf 266 m über Meereshöhe an der Stelle im Flusslauf, an der die Donau nach dem Durchbruch zwischen Kürnberger Wald und Mühlviertel in die Ebene hinaustritt und einen nach Norden gerichteten Halbkreis beschreibt. Dieser war auch namensgebend für die Stadt, denn die römische Bezeichnung »lentia« leitet sich vom keltischen Wort »lentos« (= biegsam, gekrümmt) ab. Linz lässt sich also als »Siedlung an der Biegung des Flusses« verstehen. Die verkehrsgünstige Lage sorgte für den wirtschaftlichen Aufschwung der Stadt seit dem 13. Jh. Von West nach Ost war die Donau die entscheidende Route, und in Nord-Süd-Richtung querte eine von der Adria zur Ostsee verlaufende Handelsstraße. Die Linzer Maut zählte zu dieser Zeit zu den einträglichsten Einnahmequellen der österreichischen Herzöge.

Die bereits in der zweiten Hälfte des 19. Jh. einsetzende Industrialisierung (Schiffswerft, Lokomotivfabrik, Textilindustrie, Nahrungs- und Genussmittelindustrie) war in früheren Jahren der Grund, dass Linz nicht gerade einen hohen Rang

◂ Linz: Ars Electronica und die Basilika (▸ S. 38) auf dem Pöstlingberg.

unter den beliebtesten Ausflugszielen in Österreich innehatte. Erst die Entwicklungen ab Ende der 1960er-Jahre ließen die oberösterreichische Donaustadt mit Sitz der Landesregierung zu einer Kulturstadt ersten Ranges erblühen: Errichtung der Johannes-Kepler-Universität (1966), der Kunsthochschule (1973) und einer Theologischen Fakultät. Das Brucknerhaus (1974), Ars Electronica Center (1996) und das Lentos Kunstmuseum (2003) waren weitere Schritte, die dann mit der Wahl zur Kulturhauptstadt 2009 und mit dem neuen Musical-Theater 2013 Bestätigung fanden.

Linz ist auch die Stadt der Kirchen. Das wird deutlich, wenn man seinen Blick auf dem Hauptplatz mit der Dreifaltigkeitssäule schweifen lässt. Wer die Hektik der geschäftigen Innenstadt hinter sich lassen möchte, kann im **Alten Dom** (Ignatiuskirche, 1678), in der **Ursulinenkirche** (1757) oder der **Stadtpfarrkirche Mariä Himmelfahrt**, in der Anton Bruckner Pfarrorganist war, ein wenig Stille finden. Der Komponist lebte hier von 1855 bis 1868.

Beeindruckend ist aber insbesondere der **Neue Dom**, auch **Mariä Empfängnisdom** genannt (neugotisch, geweiht 1924), mit den farbenprächtigen Gemäldefenstern, darunter das bekannte **Linzer Fenster** mit Darstellungen aus der Linzer Geschichte. Eine kleine Anekdote: Zur Bauzeit des Doms galt der Grundsatz, dass kein Gebäude in der gesamten Donaumonarchie höher sein durfte als der Turm des Stephansdoms in Wien. Auch die Linzer bekamen hierzu keine Erlaubnis. Deshalb ist er mit 135 m einen Meter niedriger. Nun griff man zu einer List: Man erhöhte den Turm, indem man das Kreuz auf der Turmspitze verlängerte, die nun höher ragt als der »Steffl«.

SEHENSWERTES

Von der Anlegestelle der Kreuzfahrtschiffe ist die Altstadt von Linz am rechten Donauufer über die Donauuferpromenade nur wenige Fußminuten entfernt.

Vom Hauptplatz aus sind die lebhaften Geschäftsviertel der Stadt leicht zu erreichen. Sie beginnen in der westlichen Altstadt und verlaufen über den Platz durch das Schmidtor hin zur Landstraße. Weitere Einkaufszentren befinden sich in der Wiener Straße und Hauptstraße.

Brucknerhaus ▸ S.39, c 1

In Ansfelden 1824 geboren und in Wien 1896 verstorben, waren es doch vor allem die Jahre in Linz (1855–1868), die Anton Bruckner zu einem der bedeutendsten Musiker Österreichs werden ließen. Hier verbrachte er während seiner Tätigkeit als Domorganist seine Lehrjahre zum Komponisten und vollendete sie bis zu seinem Umzug nach Wien mit drei großen Messen und einer Sinfonie. Dem am Zählzwang leidenden Meister wird alljährlich in der Zeit von September bis Oktober im Rahmen des Brucknerfestes in Linz ein im österreichischen Kulturkalender bedeutendes Festival gewidmet. Hochkarätige Künstler und Ensembles treten nicht nur während dieser Zeit im Brucknerhaus auf. Die finnischen Architekten Kaija und Heikki Sirén entwarfen diesen für

⭐ MERIAN Tipp

MIT DER PÖSTLINGBERGBAHN ZUR WALLFAHRTSBASILIKA

▶ S. 39, westl. a 1

Am höchsten Punkt des Pöstlingbergs (537 m), dem Hausberg der Linzer, steht weithin sichtbar die Pfarrkirche und Wallfahrtsbasilika Sieben Schmerzen Mariens (1738–1748). Ihre Doppeltürme ragen stolz in den Himmel. Ein besonders schöner Ausblick bietet sich abends. Seit 1898 fährt die steilste Schienenbergbahn Europas von der Talstation im Stadtteil Urfahr auf den Linzer Pöstlingberg, nach der Modernisierung sogar ab dem Linzer Hauptplatz. Auf einer 4,14 km langen Strecke überwindet sie einen Höhenunterschied von 255 m in 20 Min.

Ab Hauptplatz alle 30 Min., Mo–Sa 6 bis 22.30 (letzte Talfahrt), So ab 7.30 Uhr, Sommer, Advent und Ostern Sa, So im 15-Min.-Takt • Berg- und Talfahrt 6,40 €, Kinder 3,20 €

---

seine hervorragende Akustik berühmten Bau am Donauufer (1974). Untere Donaulände 7 • Tel. 07 32/77 52 30 • www.brucknerhaus.at

Dreifaltigkeitssäule ▶ S. 39, b 2

In der Mitte des Hauptplatzes – einem der schönsten Plätze Österreichs – steht die 20 m hohe barocke Dreifaltigkeitssäule (vollendet 1723), in weißem Salzburger Marmor ausgeführt. Drei Inschriftentafeln verkünden der Widmung der Säule an die Heilige Dreifaltigkeit durch die Landstände, den Kaiser und die Bevölkerung von Linz aus Dankbarkeit für die Rettung aus Kriegsgefahr (1704), Feuersbrunst (1712) und Pest (1713). Um die Säule herum befinden sich die Schutzpatrone Sebastian, Florian und Karl Borromäus.

Am Hauptplatz und in unmittelbarer Nähe liegen u.a. das **Alte Rathaus** mit seinem typischen Arkadenhof, das **Landhaus**, ein weitläufiger Renaissancebau (16. Jh.) – heutiger Sitz des Landeshauptmannes, des Landtages und der oberösterreichischen Landesregierung –, und das **Mozarthaus** (16. Jh., Renaissancebau, barockisiert). Hier war 1783 Wolfgang Amadeus Mozart Gast des Grafen von Thun und komponierte die »Linzer Symphonie«. In der Rathausgasse 5 (beim Alten Rathaus) steht das **Keplerhaus**, in dem der Astronom Johannes Kepler ab 1612 lebte und sein Hauptwerk, »Die Rudolfinischen Tafeln«, vollendete.

Neuer Dom ▶ S. 39, b 3

Am 1. Mai 1924 weihte der Linzer Bischof den im Stil der französischen Hochgotik erbauten Mariä-Empfängnisdom, auch Neuer Dom oder Mariendom genannt. Durch seine innere Größe, die Platz für 20 000 Gläubige bietet, ist er die größte Kirche Österreichs. Führungen zu einer Auswahl der 142 bemerkenswerten Gemäldefenster (u.a. dem Linzer Fenster), Turmbesteigungen und selbst Taschenlampenführungen nach Einbruch der Dunkelheit werden vom DomCenter nach vorheriger Anmeldung angeboten.
Herrenstr. 26 • tel. Anmeldung notwendig: 07 32/94 61 00

Schloss ▶ S. 39, a 2

Hoch über der Donau erhebt sich das unter Kaiser Friedrich III. im 15. Jh. erbaute Schloss. Davon sind

noch teilweise die Befestigungsmauer, die Bastionen und das Friedrichstor (Westeingang) mit einem Wappenstein (1481), dem Ausspruch »AEIOU« (»Alles Erdreich ist Österreich untertan«) und dem kaiserlichen Monogramm erhalten. Um 1600 entstanden der viergeschossige Blockbau mit zwei Innenhöfen und das Haupttor zur Stadt (Rudolfstor, 1604). Heute beherbergt es das **Schlossmuseum** mit Kunst vom Mittelalter bis zur Moderne, historischen Waffen und Musikinstrumenten, Numismatik, Volkskunde und Technikgeschichte.
Schlossmuseum, Schlossberg 1 • www.schlossmuseum.at • Di, Mi, Fr

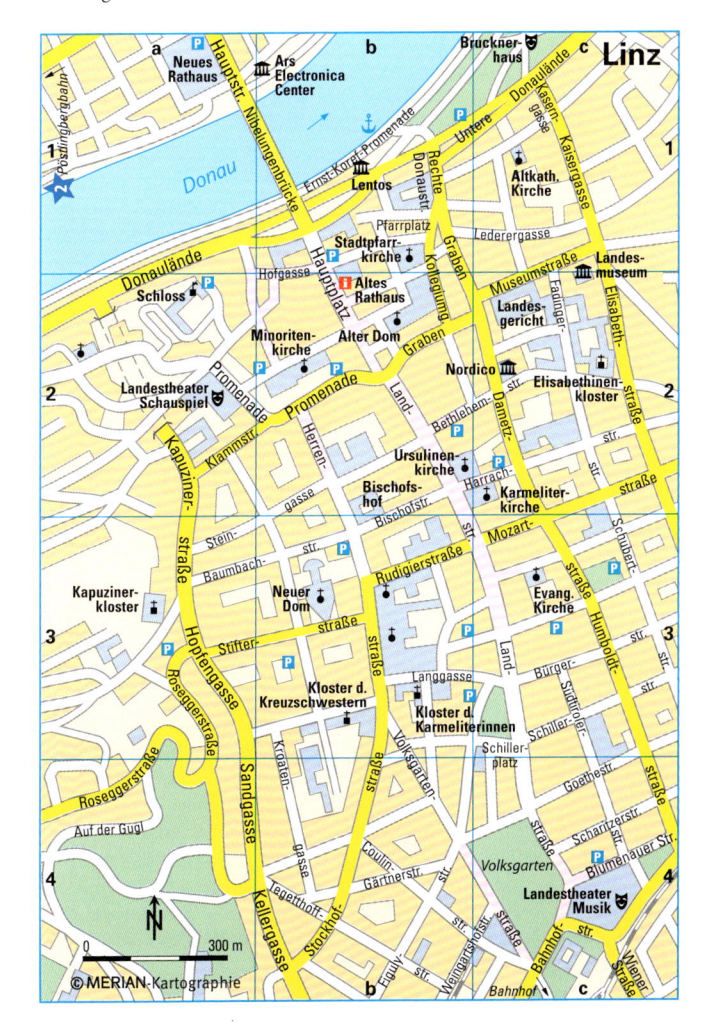

9–18, Do 9–21, Sa, So 10–17 Uhr •
Eintritt 6,50 €, Kinder 4,50 €

Segway-Tour ▶ S. 39, b 2

Linz bietet eine neue, moderne Art der Stadterkundung. Auf einem Elektroroller, der auf kleinste Gewichtsverlagerungen reagiert, können die Benutzer bei bis zu 20 km/h maximal 35 km durch die Stadt »schweben«. Begleitet werden diese umweltverträglichen Fahrten zu den Sehenswürdigkeiten der Stadt von Führern, sodass während der langen Tour von 150 Min. eine aufregende Stadtrallye unternommen wird. Nach einer kurzen Einführung in den professionellen Umgang mit dem Gerät im sicheren Innenhof des Rathauses kann es dann losgehen.
Eine Voranmeldung via Internet zu den Segway-Führungen ist unbedingt erforderlich.
LINZ erSCHWEBEN, Hauptplatz 1 • www.linzerschweben.at • Dauer: 2,5 Std. • Ticket 57 €

Tabakfabrik Linz ▶ S. 39, nordöstl. c 1

Einen besonderen Veranstaltungsraum fand die Stadt Linz in den alten Gebäuden (1935) der ehemaligen Tabakfabrik. Bis 2009 wurden hier noch Zigaretten hergestellt, nun ist es ein Treffpunkt für Kreative. Wechselnde Ausstellungen, wie die vergangene zur »Titanic« oder zu Kunst und Mode, Veranstaltungen und Workshops ziehen zahlreiche Besucher an.
Peter-Behrens-Platz 1–15 • www.tabakfabrik-linz.at

MUSEEN

Ars Electronica Center ▶ S. 39, b 1

Das Museum der Zukunft zeigt anschaulich und experimentell, wie sich die modernen digitalen Informations- und Kommunikationstechnologien auf Kunst, Arbeitswelt und Freizeit ausgewirkt haben.
Hauptstr. 2 • www.aec.at • Di, Mi, Fr 9–17, Do 9–19, Sa, So 10–18 Uhr • Eintritt 9,50 €, Kinder bis 6 Jahre frei

Lentos Kunstmuseum ▶ S. 39, b 1

Spektakulär der Auftritt vor allem am Abend, wenn das Gebäude des Lentos Kunstmuseums (Architekten Weber&Hofer, CH, 2003) schon von Weitem durch seine transparente, beleuchtete Glashülle strahlt. Im Innern: europäische Kunst der klassischen Moderne bis hin zur Gegenwart. Der keltische Ausdruck »Lentos« (gekrümmt), einst Name der Stadt Linz, steht hier für die Avantgarde mit Werken von Klimt, Schiele, Kokoschka, Nolde, Corinth und Pechstein. Beachtenswert auch die Fotosammlung mit Arbeiten von Rodschenkon, Man Ray und Bayer.
Ernst-Koref-Promenade 1 • www.lentos.at • Di–So 10–18, Do 10–21 Uhr •
Eintritt 8 €, Kinder bis 7 Jahre frei

Nordico – Museum der Stadt Linz ▶ S. 39, c 2

Als Vorstadtpalais des Klosters Kremsmünster von Francesco Silva 1610 im Stil der Comasken errichtet, 1675 aus- und umgestaltet. Im Festsaal befinden sich Reste der Fresken von Jakob Antonio Mazza. Von 1710 bis 1786 Konvikt der Jesuiten für nordische Jünglinge – Collegium Nordicum (daher auch der Name »Nordico«). Das Museum beherbergt archäologische sowie kunst- und kulturgeschichtliche Sammlungen.
Bethlehemstr. 7 • www.nordico.at •
Di–So 10–18, Do 10–21 Uhr • Eintritt 6,50 €, Kinder bis 7 Jahre frei

voestalpine Stahlwelt
▶ S. 39, südöstl. c 4

Nicht nur an Technik Interessierte werden von der voestalpine Stahlwelt begeistert sein. Seit November 2009 wird in einem aus Stahl errichteten Ausstellungsgebäude alles veranschaulicht, was mit der Erzeugung und Verarbeitung von Stahl zusammenhängt. Die anschließende Werkstour (1,5 Std.) durch eines der modernsten und saubersten Stahlwerke der Welt bietet einen Blick hinter die Kulissen der Produktion am Hochofen, dem Warmwalzwerk und der Platinenfertigung.
voestalpine Str. 4 • www.voestalpine stahlwelt.at • Mo–Sa 9–17 Uhr • Eintritt 10 €, Werkstour zusätzlich 10 € (feste Schuhe erforderlich)

EINKAUFEN
Café Jindrak ▶ S. 39, b 2
Die Linzer Torte gilt als die älteste bekannte Torte der Welt. Bereits 1653 wurde sie namentlich erwähnt.
Herrenstr. 22–24 • www.linzertorte.at

gragger ▶ S. 39, a 1
Diese Holzofenbäckerei verarbeitet nur Zutaten aus der Bio-Landwirtschaft und Getreide von Produzenten aus der Umgebung. Brot, Gebäck und Mehlspeisen verkauft:
Inge's Bio Café • Hauptstr. 71 • www.gragger.at • Mo–Fr 8–17.30, Sa 8–13 Uhr

AM ABEND
Musiktheater Linz ▶ S. 39, c 4
Das vom englischen Architekten Terry Pawson entworfene und 2013 eröffnete neue kulturelle Wahrzeichen der Stadt eignet sich gut für einen Besuch, sollte das Schiff über Nacht in Linz festmachen. »Vorhang auf!« scheint auch die Fassade ausdrücken zu wollen und lädt ein, dem Ruf zu folgen. Für 150 Mio. Euro entstand eine Spielstätte, die sowohl verwöhnten Opernenthusiasten als auch Freunden des Musicals oder des Balletts gerecht wird. In dem mit mehreren Zuschauerräumen versehenen Gebäude am Volksgarten, dessen Großer Saal bis zu 1200 Sitzplätze aufweist, hat auch das Bruckner Orchester Linz eine neue Spielstätte gefunden.
Lohnend ist auch ein Besuch des KlangFoyers (Di-Sa 15–18.30 Uhr). An der HörBar Höhepunkten der Operngeschichte lauschen, in der CineBox Einblicke in die aktuelle Arbeit der Künstler erhalten oder selbst in einer kleinen Theaterwerkstatt arbeiten – der Erlebnisparcours bietet Theater mit mehreren Sinnen.
Am Volksgarten 1 • Tel. 07 32/61 10 • www.landestheater-linz.at/musik theater • Führungen durchs Theater: fuehrungen@landestheater-linz.at • Karten: www.landestheater-linz.at

SERVICE
AUSKUNFT
Tourist Information ▶ S. 39, b 2
Hauptplatz 1 • Tel. 07 32/70 70 20 09 • www.linz.at • Mai–Sept. Mo–Sa 9–19, So 10–19, Okt.–April Mo–Sa 9–17, So 10–17 Uhr

◎ Ausflug nach Salzburg
Liegen die Schiffe für mehrere Stunden oder über Nacht in Linz, werden von den Veranstaltern Busausflüge in das nur 100 km entfernt liegende Salzburg angeboten. Zeit genug, um durch die malerischen Gassen entlang der Salzach zu schlendern, im Mirabellgarten zu entspannen oder die Hohensalzburg zu erkunden.

Von Linz nach Wien

Durch den Strudengau und die Wachau, vorbei am Stift Dürnstein und den Benediktinerklöstern Melk und Göttweig nähert sich das Kreuzfahrtschiff Wien.

◂ Weißenkirchen in der Wachau (▸ S. 46) hat eine 2000-jährige Geschichte.

Als Strudengau wird ein enges, gewundenes Tal der Donau von Ardagger Markt bis **Ybbs** bezeichnet, das einst für die Schifffahrt einer der gefährlichsten Donauabschnitte war. Bis unmittelbar ans Ufer reichen die steilen Hänge heran, Sandbänke und Felsen erschweren die Schifffahrt. Nur unter Ängsten soll Kaiserin Maria Theresia es passiert haben, sodass sie ihren Hofarchitekten Bernhard Fischer von Erlach mit der Beseitigung der Hindernisse beauftragte, was diesem aber nicht gelang. Erst durch den Stausee des Kraftwerks **Ybbs-Persenbeug** (1957) wurde dieses Problem gelöst. Orte im Strudengau sind Grein, Struden, Hirschenau und Persenbeug.

Östlich des Tals und an die Wachau angrenzend schließt die weite Ebene des **Nibelungengaus** zwischen Ybbs und Melk an. Nach dem Nibelungenlied soll Rüdiger von Bechelaren (Pöchlarn) seinen Sitz als Lehnsmann des Hunnenkönigs Attila hier gehabt und sich Giselher mit Rüdigers Tochter Dietlinde verlobt haben.

Der berühmteste Maler aus der Region ist der Expressionist **Oskar Kokoschka** (1886–1980). In seinem Geburtshaus in Pöchlarn werden rund 100 seiner Werke gezeigt, auch oft in Sonderausstellungen.

Ein Ausflug zum Wallfahrtsort **Maria Taferl** (233 m oberhalb der Donau) wird manchmal an Bord angeboten. Seit dem Jahr 1660 ist der Ort eine der bedeutendsten Wallfahrtsstätten Österreichs. Schon von Weitem ist die zweitürmige barocke Basilika, die in den Jahren 1660 bis 1710 erbaut wurde, zu sehen.

Hoch über der Donau thront außerdem das weiße **Schloss Artstetten** mit seinen sieben charakteristischen Zwiebeltürmen. Es war Sommersitz der kaiserlichen Familie, und Thronfolger Erzherzog Ferdinand und seine Gemahlin, Sophie Herzogin von Hohenberg, fanden hier ihre letzte Ruhe. Beide wurden 1914 in Sarajevo bei jenem Attentat getötet, das als Auslöser für den Beginn des Ersten Weltkriegs angesehen wird.

Liebliche Wachau

Einer der romantischsten Flussabschnitte der Donau mit einer kontrastreichen Natur ist die Wachau. Wie ein landschaftliches Gesamtkunstwerk verläuft das

Strudel im Gau
Die Namen Strudengau und Persenbeug – böse Beuge – beziehen sich auf die vielen, früher gefährlichen Strudel und Untiefen im Flusslauf.

Wundersame Heilungen
Bis zu 300 000 Pilger pro Jahr machen Maria Taferl zum zweitwichtigsten österreichischen Wallfahrtsort nach Mariazell. Ein Bildnis der Gnadenmutter soll Krankheiten heilen.

> **Der Hofrat Geiger**
> Die Mariandl aus dem Wachauer Landl, in dem bekannten Film von 1947 die uneheliche Tochter des von Paul Hörbiger dargestellten Hofrats, ist in der Region noch immer präsent.

gewundene Flusstal. Beginnend mit einem engen, immer breiter werdenden Einschnitt, wechseln sich schroffe Felsen mit Auwäldern ab. Dazwischen liegen sonnenverwöhnte Weinterrassen. Der Mensch hat sich hier stets wohlgefühlt, das zeigen liebevoll gepflegte Obstgärten und malerische Orte. Imposante Stifte bieten eindrucksvolle Ansichten und Aussichten. In den 1950er-Jahren machten österreichische Filme mit Schauspielern wie Paul Hörbiger die Region europaweit bekannt. Bereits 1955 wurde die Wachau zum Landschaftsschutzgebiet erklärt und im Jahr 2001 in die Liste des Weltkulturerbes der UNESCO aufgenommen.

Heurige und Buschenschänken heißen Lokale, in denen Weine aus eigenem Anbau ausgeschenkt werden. »Busche« (Bündel aus Zweigen) über der Eingangstür sind das Zeichen, dass der Heurige oder der Buschenschank geöffnet ist oder – wie es in Österreich heißt – »ausgesteckt hat«. Bei dem Heurigen handelt es sich um den Wein vom aktuellen Jahrgang, der pünktlich zu Martini (11. November) zum Altwein wird.

Viele Klöster überlebten die Reformen des 18. Jh. und die Säkularisation nicht. Weniger betroffen waren die **Servitenklöster Schönbühel** und **Maria Langegg**. Die **Benediktinerklöster Melk**, **Göttweig** und das **Augustinerkloster Chorherrenstift Dürnstein** wurden in der Barockzeit prachtvoll neu gestaltet.

Das Benediktinerkloster Melk

Erhaben und würdevoll und durch seine barocke Pracht fast wie ein Gemälde wirkend, thront das Kloster Melk über der Donau. Ein Pflichttermin für jeden Donaukreuzfahrer ist der Besuch dieses bedeutenden kulturellen und geistlichen Zentrums Österreichs. Für Umberto Eco, der die Bibliothek für seine Recherchen nutzte, nahm hier sein erfolgreicher Roman »Der Name der Rose« seinen Ausgang.

Leopold I. war es, der 976, mit dem Gebiet des heutigen südwestlichen Niederösterreich als Markgraf belehnt, die Burg in Melk zu seiner Residenz erwählte. Seine Nachfolger statteten sie mit wertvollen Schätzen und Reliquien aus. 1089 übergab Markgraf Leopold II. die Burg Benediktinermönchen aus Lambach. Seither leben und wirken hier in ununterbrochener Folge Mönche nach der Regel des hl. Benedikt (um 480): »Ora et labora et lege«, bete und arbeite und lese. Im

> **Adson von Melk**
> Der Novize aus Ecos Roman, der William von Baskerville bei seinen Ermittlungen beisteht, hatte in einem gotischen Vorgängerbau der heutigen Anlage gewirkt, der noch weitaus bescheidener war, als sich das Stift heute präsentiert.

Das Benediktinerkloster Stift Melk (▶ S. 44) diente Umberto Eco für Recherchezwecke zu seinem ersten Buch und Bestseller »Der Name der Rose«.

deutschen Sprachraum leben heute ungefähr 1500 Benediktinerinnen und Benediktiner nach diesen strengen Regeln. Schon seit dem 12. Jh. ist eine Schule mit dem Kloster verbunden. In der Bibliothek wurden wertvolle Handschriften gesammelt und angefertigt. Im 15. Jh. war das Stift Ausgangspunkt einer der bedeutendsten mittelalterlichen Klosterreformen und unterhielt enge Verbindungen zu den Humanisten an der Wiener Universität. Sichtbarer Ausdruck für die Bedeutung des Stiftes in der Barockzeit und die hervorragende Stellung seines damaligen Abtes Berthold Dietmayr ist der großartige Barockbau Jakob Prandtauers, errichtet in der Zeit zwischen 1702 und 1736, an dem einige der namhaftesten Künstler jener Epoche (J. M. Rottmayr, P. Troger, L. Mattielli, A. Beduzzi, J. W. Bergl, P. Widerin etc.) mitgewirkt haben. Auch wenn Stift Melk unter Kaiser Joseph II. vom Schicksal der Aufhebung verschont blieb, griffen doch zahlreiche staatliche Verordnungen in das Klosterleben ein. Die Napoleonischen Kriege (1792–1815) brachten große wirtschaftliche Umstellungen und Schwierigkeiten für das Stift mit sich. Nach dem Anschluss Österreichs an Deutschland 1938 lebten die Patres unter der ständigen Gefahr der Aufhebung durch

Sommerspiele Melk

Seit einigen Jahren kommen im Sommer große Stoffe vor einmaliger Kulisse zur Aufführung, darunter auch »Der Name der Rose«. »Die Nibelungen« kehren in der Donauarena zu Füßen des Klosters an ihren Ursprung zurück.

Raubrittersitz
Burg Aggstein, die als imposante Ruine beliebtes Fotomotiv ist, brachte den Räubern, die sie jahrhundertelang besetzt hielten, kein Glück. Nacheinander wurden sie vertrieben, die Anlage verfiel und wurde schließlich 1529 von den Türken zerstört.

die Nationalsozialisten, einige waren von Verhaftung bedroht. Das Gymnasium wurde den Benediktinern entzogen und ein Großteil des Stiftsgebäudes für eine staatliche Oberschule beschlagnahmt. Da das Kloster aber letztlich nicht aufgehoben wurde, konnte es die Besatzungszeit relativ gut überstehen.

Bei der Weiterfahrt von Melk sollte unbedingt für das 5 km entfernt gelegene Schönbühel der Fotoapparat greifbar sein. Rechtsseitig liegt auf einem Felsen das in Privatbesitz befindliche **Schloss Schönbühel** (1821). Romantisch und sagenumwoben erhebt sich unweit davon die ehemalige Ritterburg, jetzt **Ruine Aggstein** (Ursprung 11. Jh.), 300 m über der Donau.

Die »Nackte ohne Gesicht«

In Willendorf ist eine außergewöhnliche Dame Zeugin der uralten Wachauer Geschichte: die rund 25 000 Jahre alte **Venus von Willendorf**. Die 11 cm große Statuette aus Oolith stellt eine beleibte Frau mit lockigem Haar dar. Das Original der »wohlgeformten Nackten ohne Gesicht« ist im Naturhistorischen Museum in Wien ausgestellt. An der Fundstelle ist eine Nachbildung zu sehen. Sie gilt als eine der ältesten Frauenstatuetten und Steinplastiken.

5 km weiter sind vom Schiff aus einige der alten Winzerhöfe des Örtchens Spitz zu erkennen. **Weißenkirchen** wird bestimmt durch die während der Türkenkriege im 16. Jh. wehrhaft mit Türmen und Mauern befestigte Pfarrkirche Mariä Himmelfahrt.

Von Dürnstein nach Trifels
Richard I. war ein begehrter Gefangener, von Dürnstein aus wurde er noch für einige Wochen nach Burg Trifels im heutigen Rheinland-Pfalz verlegt, bevor er endgültig freikam.

Sagenumranktes Dürnstein

Das Fotomotiv der Wachau schlechthin ist der Ort Dürnstein mit dem blauen Kirchturm des **Augustiner-Chorherrenstiftes** (1410) im Vordergrund (dem »Fingerzeig Gottes«) und der legendenumwobenen Burgruine im Hintergrund. Fakt ist: Richard Löwenherz war von Dezember 1192 bis März 1193 Gefangener in der Burg. Der englische König Richard I. hatte während seiner Kreuzzüge die Fahne der Babenberger beleidigt und unvorsichtigerweise während seines Rückzugs den Weg durch Österreich gewählt. »Tu felix Austria« (Du glückliches Österreich): 35 000 kg Silber mussten als Lösegeld an Herzog Leopold V. gezahlt werden. Von dem erbeuteten Geld konnten unter anderem die Wiener Neustadt gebaut und mehrere Festungen erweitert werden.

Der Wein der Wachau

Die Wachau ist vom Klima bevorzugt: Die bis zu 700 m hohen Hänge halten die kalten Winde ab (nur manchmal treten kühlende Winde aus dem Hochland des Waldviertels auf), und die Donau reguliert die jahresdurchschnittliche Temperatur. Diese Tatsache, basierend auf dem mineralischen Boden, ist es, die den Wachauer Weinen, wie dem Grünen Veltliner oder dem Riesling, Würze und Eleganz, Kraft und Fülle verleiht. Vor rund 30 000 Jahren kamen die ersten Siedler an die Donau. 16 v. Chr. wurde Norikum römische Provinz, und obwohl in der Region schon vorher Wein angebaut wurde, weihten erst die Römer die Bewohner in die hohe Kunst des kultivierten Weinbaus ein. Um an steilen Hängen der Wachau überhaupt Trauben anbauen zu können, wurden vor vielen Jahrhunderten geeignete Flächen terrassiert. Steinmauern schützen diese seit dem 11. Jh. vor dem Abrutschen und dienen zusätzlich als Wärmespeicher. Sie verleihen der Landschaft ihren besonderen Akzent.

Nach den dunklen Jahrhunderten der Völkerwanderung waren es die Klöster, die das Wirtschafts- und Kulturleben in der Wachau gestalteten. Fast drei Viertel der Weinberge waren bereits Ende des 15. Jh. in kirchlichem Besitz. Der Wein wurde auf Zillen und Schiffen nach Oberösterreich und Bayern verschifft, im Gegenzug kamen Salz, Eisen und andere Güter in die Wachau. An den Ufern entstanden sogenannte Treppelwege, damit die Schiffe mithilfe von Pferdegespannen schneller flussaufwärts fahren konnten. Heute tummeln sich auf diesen Wegen Radfahrer aus aller Welt. Dass der Weinbau in Österreich eine so bedeutende Rolle einnimmt, verdankt das Land Kaiser Joseph II. Im Jahr 1784 gab er den »Buschenschank-Erlass« heraus und erlaubte damit den Weinbauern, auf ihrem Anwesen eigenen Wein auszuschenken: Der Heurige war geboren!

Vorzüglich zum Wein passt das knusprige »Wachauer Laberl«: ein rundes Brötchen, das der Hobbybäcker Rudolf Schmidl 1905 nach einer Reise mit den Wiener Sängerknaben nach Paris erfand. Begeistert vom Baguette mischte er Weizen- und Roggenmehl zu einem knusprigen Gebäck. Das Original gibt es heute nach einem streng gehüteten Geheimrezept bei der Bäckerei & Konfiserie Schmidl in Dürnstein (www.schmidl-duernstein.at).

Winzerlatein

Steinfelder, benannt nach dem federleichten Gras, das in der Wachau wächst, heißen die leichten, spritzigen Weißweine mit maximal 11 Vol-% Alkohol. Federspiel-Weine haben maximal 12,5 Vol-% Alkohol. Das Wort kommt aus der Falknerei. Smaragd heißen große, gehaltvolle Weine mit einem Alkoholgehalt von mehr als 12,5 Vol-%. Benannt sind sie nach den heimischen, grün-bläulich schimmernden Smaragdeidechsen.

Radtouren

Nicht nur bei Kreuzfahrern, auch bei Radfans ein Klassiker: Die Strecke Passau–Wien ist in etwa einer Woche gut zu bewältigen.

Mittelalterliches Krems

Im 11. und 12. Jh. war Krems, das bereits 995 erste Erwähnung fand, ob seiner verkehrsgünstigen Lage eines der wichtigsten Handelszentren Österreichs. Hier wurden Salz, Wein, Getreide und später auch Eisen umgeschlagen. Erst durch die Habsburgermonarchie, die Wien als ihr Zentrum wählte, verlor Krems an Bedeutung – derzeit hat es an die 25 000 Einwohner.

Doch auch heute noch laden mittelalterliche Gassen, romantische Arkadenhöfe, gesellige Cafés und lauschige Gastgärten zum Flanieren und Verweilen ein. Das muss auch schon von alters her den Männern der Stadt gefallen haben, denen der Simandlbrunnen gewidmet ist. Der Legende nach galten die Kremser Bürgersfrauen als so dominant, dass sich ihre Männer zu der Simandlbruderschaft zusammenschlossen, einer Scherzvereinigung, die ihnen die Möglichkeit zum Ausgehen bot. »Simandl« bedeutet Kleiner Simon, im bayerisch-österreichischen Sprachgebrauch werden so Pantoffelhelden bezeichnet.

Ausgehend vom Pfarrplatz lässt sich Krems leicht erkunden. Der Hohe Markt mit der ehemaligen Stadtburg, der sogenannten **Gozzoburg**, schließt sich nach Osten an. Nach Westen gelangt man zunächst zum ehemaligen Dominikanerkloster (heute **Historisches Museum** und **Weinbaumuseum**) und zum Körnermarkt und dem **Steinernen Tor**, dem Wahrzeichen der Stadt. Hier geht es durch das Tor in Richtung Stein. Die engagierten Winzer in Krems, Senftenberg, Rohrendorf, Furth bei Göttweig und kleineren Orten kultivieren vor allem Grünen Veltliner, Riesling und auch Rotweinsorten wie Zweigelt oder Cabernet Sauvignon – man kann auch probieren.

Einen wunderbaren Überblick über die Landschaft des Kremstals gewinnt man von der **Burgruine Senftenberg** und ganz besonders von der Anhöhe des **Stiftes Göttweig**.

Vom bekannten New Yorker Architekten Steven Holl wurde das eigenwillige Weinzentrum **Loisium** ⭐ mit Lifestyle-Hotel und Spa im Kamptal unweit von Krems in **Langenlois** gestaltet, das eindrucksvoll die alte Tradition des Weinbaus mit moderner Architektur kombiniert. Ein Besuch in der Loisium-Weinwelt lohnt sich! Weitere Informationen zu diesem Ausflugsziel für Weinliebhaber sind erhältlich unter Tel. 0 27 34/32 24 00 oder unter www.loisium.at.

Steven Holl
Der Amerikaner baut vornehmlich in den USA und Europa, zu seinen Arbeiten gehören die Simmons Hall am Massachusetts Institute of Technology oder das Museum für zeitgenössische Kunst in Helsinki.

Barocke Pracht – Stift Göttweig

Das Barockstift liegt am östlichen Ende der Wachau auf 449 m Höhe auf dem Göttweiger Berg und bietet einen prächtigen Ausblick. Das 1083 vom hl. Altmann, Bischof von Passau, gegründete Göttweig wurde 1094 den Benediktinern übergeben. Zurzeit leben hier 60 Mönche nach den Regeln des hl. Benedikt von Nursia. In der **Erentrudiskapelle** (1072) sowie der Alten Burg, Krypta und im Chor der Kirche sind noch mittelalterliche Reste zu entdecken. Nach Plänen des Architekten Johann Lucas von Hildebrandt wurde das Kloster im barocken Stil erneuert, nachdem ein Brand 1718 vieles zerstört hatte. Die besonderen Sehenswürdigkeiten sind das Museum im Kaisertrakt, die Fürsten- und Kaiserzimmer sowie die Stiftskirche mit Krypta und Kreuzgang. Beeindruckend die monumentale Kaiserstiege und die Fresken Paul Trogers (1698–1762). Das Göttweiger Fresko ist eine deutliche Huldigung an Kaiser Karl VI., mit dem das Goldene Zeitalter in Österreich Einzug hielt. Im Auftrag seines Freundes und Vertrauten, des Abtes Gottfried Bessel von Göttweig, wurde es 1739 geschaffen.

Thronfolger
Karl VI. war der Sohn von Kaiser Leopold I., der ihn während des Spanischen Erbfolgekriegs zur Durchsetzung seiner Machtansprüche nach Spanien sandte. Als sein Bruder Joseph I. überraschend starb, wurde er jedoch dessen Nachfolger auf dem Habsburgerthron.

Wo die Gänse fliegen ...

Als würde sich auch die Donau nach so viel barocker Pracht etwas erholen müssen, öffnet sich das Tal hinter Krems in das **Tullner Becken**. Die weite Auenlandschaft, einst vom Wiener Zoologen Konrad Lorenz für seine Beobachtung der Graugänse genutzt, wird heute von den Kraftwerken von Altenwörth und Zwentendorf vor Tulln und später noch Greifenstein bestimmt. Das Atomkraftwerk Zwentendorf ging nie ans Netz, eine Volksbefragung verhinderte die Inbetriebnahme. Gemächlich fährt das Schiff an Tulln vorbei, dem Ort, der sich ganz seiner römischen Vergangenheit verschrieben hat. Die Einwohner sind stolz darauf, dass 170 der Feldherr und Staatsmann Marc Aurel hier Station machte, um einen Feldzug gegen die Feinde Roms zu organisieren. Weniger stolz war man allerdings lange Zeit auf einen echten Sohn der Stadt. Der Maler Egon Schiele (1890–1918) musste sogar einige Wochen wegen angeblicher Pornografie im Gefängnis Neulengbach verbringen. Er erhielt erst 1990 anlässlich seines 100. Geburtstages ein eigenes Museum – bezeichnenderweise im ehemaligen Bezirksgefängnis.

Noch ein Kaiser
Trotz seiner stoischen Grundhaltung und Friedensliebe führte Marc Aurel jahrzehntelange Kriege an den Grenzen seines bedrohten Reiches, darunter gegen die Parther, Quaden und Markomannen.

Österreichischer Escorial

Kaiser Karl VI., der einige Zeit in Spanien verbracht hatte, wünschte sich eine riesige neue Residenz in Klosterneuburg. Nach seinem Tod 1740 war nur ein Viertel des Ursprungsplans vollendet. Kaiserstiege und Kaiserzimmer sind dennoch beeindruckend.

Nur wenige Kilometer vor Wien, am Rande des Wienerwalds, liegt **Klosterneuburg**. Es waren die Römer, die ab Mitte des 1. Jh. hier ein Hilfstruppenkastell der Provinz Pannonien errichteten. Die Entstehung des Stiftes Klosterneuburg geht auf Markgraf Leopold III. zurück. Er verlegte 1113 seine Residenz dorthin und ließ ein Jahr später das Stift gründen. Neben einer bedeutenden Bibliothek und einer Kunstsammlung vom Barock bis zur Moderne ist vor allem der **Verduner Altar** (1181) der kostbarste Kunstbesitz des Stiftes. Nach seinem Schöpfer Nikolaus von Verdun benannt, stellt das 1330 zum Flügelaltar umgebaute Werk auf 51 Emailtafeln die Epochen der Heilsgeschichte dar: in der obersten Zone die Zeit »vor dem Gesetz« (vor Moses), in der Mitte die Zeit »unter der Gnade« (das christliche Zeitalter) und unten die Zeit »unter dem Gesetz« (zwischen Moses und Christus).

Klosterneuburg und der Wienerwald

Mit gut 108 ha Rebfläche verfügt das Kloster auch über ein beachtliches Weinanbaugebiet. Nicht wenige sagen, dass hier die Wiege österreichischer Weinkultur liegt, denn bereits im 3. Jh. ließ der römische Kaiser Probus Wein anbauen. Die Mönche haben dieses später erneut aufgegriffen und im Jahr 1860 die erste Weinbauschule der Welt gegründet.

Auch wenn die Kreuzfahrtschiffe in Klosterneuburg keinen Halt machen, ein Abstecher von Wien aus mit der Vorortbahn lohnt allemal, zumal es direkt in der Nähe der Schiffsanlegestellen eine Haltestelle gibt.

Auf dem Weg zur Anlegestelle in Wien wird noch ein berühmter Ausläufer der Alpen passiert – der Wienerwald. Viel besungen und vor allem in Verbindung mit dem Wein der Heurigenlokale in Grinzing auch sentimental verklärt. Wer einen Ausflug hierhin unternehmen möchte, kann sich den an Bord organisierten Exkursionen anschließen oder sich selbst zu Fuß auf den Weg machen. Beim Regionalbahnhof Grinzing, wenige Meter vom Schiffsanleger entfernt, beginnt die Grinzinger Straße. Nach dieser leicht ansteigenden Straße erreicht man schon bald Grinzing. Zweige vor der Tür (»Buschen«) weisen den Weg zu jenen Lokalen, in denen der selbst hergestellte Wein ausgeschenkt wird. Von Einheimischen wird dieser Wein spöttisch »Piefke-Brause« genannt – vielleicht, um damit von ihrer eigenen Weinseligkeit ein wenig abzulenken.

Heute bleibt die Küche kalt …

Das Hendlunternehmen »Wienerwald« hat mit der Landschaft Wienerwald nichts zu tun, es wurde 1955 in Deutschland gegründet.

ENTDECKER TAUCHEN GERN *live!* EIN.

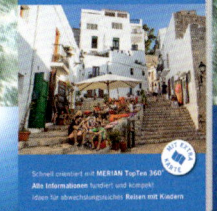

MERIAN *live!*

IBIZA
FORMENTERA

Von Abu Dhabi bis Zypern: **MERIAN *live!*** bringt Ihnen mit über 130 Ausgaben die schönsten und spannendsten Reiseziele der ganzen Welt näher, die wichtigsten Sehenswürdigkeiten, topaktuelle Adressen und außergewöhnliche Empfehlungen.

MERIAN
Die Lust am Reisen

Wien

Die erste Metropole, die vom Schiff angesteuert wird, lockt mit Charme und Gemütlichkeit: im Kaffeehaus und im »Beisl« ebenso wie auf den belebten Straßen.

Wien

F 4

1,9 Mio. Einwohner
Stadtplan ▶ S. 56/57

Die Wiener Gemütlichkeit mag ein Klischee sein, aber es gibt zahlreiche Plätze, um diese »G'miatlichkeit« auch zu erleben: angefangen bei den Kaffeehäusern und »Beisln mit Schanigarten« – ihrer auf die Straße hinausgehenden Verlängerung –, über Parkbänke und Fußgängerzonen bis hin zu einzigartigen Museen. Auch die Natur lädt zum Verweilen ein: Nur einen Sprung vom Zentrum entfernt liegen **Volksgarten**, **Burggarten** und **Stadtpark**, das weltberühmte **Schloss Schönbrunn** und der **Prater**. Eine halbe Stunde außerhalb liegt der **Wienerwald** – die grüne Lunge der Millionenstadt.

Man bezeichnet Wien gerne auch als erste Stadt am Balkan. Geografisch hat das durchaus seine Berechtigung: Am westlichen Ufer der Donau enden mit dem Wienerwald die Alpen, am östlichen beginnen geologisch die Karpaten.

Im Hinblick auf Kunst und Kultur haben die Völker der ehemaligen Donaumonarchie in Wien auch ihre Spuren hinterlassen: Schriftsteller, Maler und Komponisten aus Prag, Budapest und Montenegro haben hier gelebt und gearbeitet, viele da-

◂ Die Hofburg (▶ S. 53), das ehemalige Machtzentrum des Habsburgerreichs.

von waren jüdischer Abstammung. Wien hatte bis 1938 eine jüdische Bevölkerung von über 180 000 Menschen, darunter bekannte und berühmte Namen wie Stefan Zweig oder Sigmund Freud.

Der Schiffsreisende sollte gleich, nachdem er festen Boden unter den Füßen hat, den Blick schweifen lassen. Von der Anlegestelle an der Reichsbrücke sind am linken Donauufer der 252 m hohe Donauturm (1964) und die UNO-City zu sehen, errichtet, nachdem Wien 1979 ein Sitz der UNO wurde. In unmittelbarer Nähe der Reichsbrücke, einer der Hauptverkehrsadern Wiens, befindet sich die **Franz-Joseph-Jubiläumskirche** am Handelskai (N-W-Achse Wiens). Donauaufwärts grüßen der **Leopoldsberg**, die Hänge des Wienerwaldes und der 202 m hohe **Millennium Tower** am rechten Ufer.

Wien ist der einzige Hafenort während der Donaukreuzfahrt, bei dem die Schiffe nicht direkt im Zentrum der Stadt anlegen. Sie machen in der Nähe der Reichsbrücke fest. Nach Verlassen des Schiffes orientieren Sie sich daher zunächst in Richtung Brücke. Hier die Treppen nach oben und zur U-Bahn-Station Vorgartenstraße. Die U-Bahn-Linie 1 führt direkt ins Zentrum; die vierte Station ist der **Stephansdom**. Eine einfache Fahrt, die innerhalb von 1,5 Stunden die Nutzung des gesamten innerstädtischen Verkehrswegenetzes ermöglicht, kostet 2,40 €. Für mehrere Fahrten ist ein 24-Stunden-Ticket für 8 € zu empfehlen. Auch Mehr-Tages-Tickets sind erhältlich.

SEHENSWERTES
Belvedere ▶ S. 57, südl. e 6

Der Sommersitz des Prinzen Eugen von Savoyen gilt als eine der schönsten barocken Palastanlagen. Von 1714 bis 1716 wurde das Untere Belvedere errichtet, das von außen schmucklos, aber innen umso prächtiger eingerichtet ist. Heute beherbergt es ein Barockmuseum; in der Orangerie befindet sich das Museum Mittelalterlicher Österreichischer Kunst. 1717 wurde der herrliche Park gestaltet: Terrassen, Statuen und Wasserspiele verwandelten ihn einst in einen wahren Lustgarten. www.belvedere.at • Kombiticket 22 €
– Unteres Belvedere: III., Rennweg 6 • Straßenbahn: Unteres Belvedere • tgl. 10–18, Mi 10–21 Uhr • Eintritt 14 €, Kinder/Jugendliche bis 18 Jahre frei
– Oberes Belvedere: III., Prinz-Eugen-Str. 27 • Straßenbahn: Schloss Belvedere • tgl. 10–18 Uhr • Eintritt 16 €, Kinder/Jugendliche bis 18 Jahre frei
– Belvederegarten: Straßenbahn: Unteres Belvedere • tgl. 7–20, im Sommer 6–21.30 Uhr

Hofburg ▶ S. 56, c 4

Hier residierten bis 1918 die Habsburger. Seit dem 13. Jh. und dem Bau des ursprünglichen Schweizerhofs wurde hier immer wieder umgebaut. Von der einstigen mittelalterlichen Burg ist heute nur mehr die barocke Burgkapelle zu sehen.

In der Renaissance entstand die Stallburg mit ihrem eindrucksvollen Arkadenhof; hier befinden sich die Stallungen der weltberühmten Lipizzaner. Die Amalienburg wurde im 17. Jh. durch den frühbarocken Leopoldinischen Trakt mit dem Schweizerhof verbunden, auf der

Von hoch oben einen grandiosen Blick über Wien genießen. Das weltberühmte Riesenrad des Praters (▶ S. 54) dreht schon seit 1897 gemütlich seine Runden.

anderen Seite entstanden im frühen 18. Jh. der Reichskanzleitrakt und die Hofbibliothek. Zum Michaelerplatz hin wurde die Winterreitschule angebaut. Den Abschluss des heutigen Gebäudetraktes bildet seit 1900 die Neue Hofburg.
I., Zugang von Heldenplatz, Michaelerplatz, Josefsplatz • U-Bahn: Herrengasse • www.hofburg-wien.at Kaiserappartements/Sisi-Museum, Silberkammer: Sept.–Juni 9–17.30, Juli und Aug. 9–18 Uhr • Eintritt mit Audioguide 13,90 €, Kinder 8,20 €, mit Führung 16,90 €/9,70 €

Karlskirche ▶ S. 57, d 6
Das dominanteste Gebäude des Platzes und gleichzeitig die bedeutendste Barockkirche Wiens ist die Karlskirche. 1716 von Johann Bernhard Fischer von Erlach begonnen, arbeiteten die besten Bildhauer Wiens an dem Gotteshaus mit. Ein griechischer Tempelportikus, römische Triumphsäulen, orientalische Glockentürme – fast ein biblischer Tempel.
IV., U-Bahn: Karlsplatz • www.karlskirche.at • Mo–Sa 9–18, So und feiertags 12–19 Uhr • Eintritt 8 €, Kinder bis 10 Jahre frei

Prater ▶ S. 57, östl. f 1
Das ehemalige kaiserliche Jagdrevier machte Joseph II., der »Reformkaiser«, 1766 der Öffentlichkeit zugänglich. Nahe dem Praterstern entstanden im sogenannten Volks- und Wurstelprater Vergnügungsstätten und Wirtshäuser. Wahrzeichen des Praters ist das Riesenrad, 1896/97 errichtet. Von seinen Waggons aus genießt man einen herrlichen Blick.
II., U-Bahn: Praterstern • www.prater.at
Riesenrad: www.wienerriesenrad.at • Nov., Jan., Feb. 10–19.45, März–April, Okt. 10–21.45, Mai–Sept. 9–23.45, Dez. 10–21.15 Uhr • Eintritt 12 €, Kinder 5 €

Wien

Schönbrunn ▶ S. 56, südwestl. a 6
Die kaiserliche Sommerresidenz ist ohne Zweifel eines der Highlights von Wien. Kaiser Maximilian II. ließ hier einst ein Jagdschloss erbauen, das 1683 bei der Türkenbelagerung zerstört wurde. Daraufhin plante Johann Bernhard Fischer von Erlach einen grandiosen Neubau auf dem Hügel, wo heute die Gloriette steht. Eine zweite, kostengünstigere Version wurde daraufhin bis 1717 am jetzigen Standort errichtet. Sein heutiges Aussehen erhielt das Schloss erst unter Maria Theresia, die die Anlage anstelle der Hofburg – es heißt aus Platzmangel – zu ihrem Wohnsitz erkor und hier mit ihrem Gemahl und 16 Kindern lebte. Besonders sehenswert sind die Prunkräume des Schlosses – der Spiegelsaal oder das mit Rosenholz getäfelte Millionenzimmer.

Schloss
XIII., Schönbrunner Schlossstr. 47–49 • U-Bahn, Straßenbahn: Schönbrunn • www.schoenbrunn.at • April–Juni, Sept., Okt. 8–17.30, Juli, Aug. 8–18.30, Nov.–März 8–17 Uhr • Ticket Imperial Tour 14,20 €, Kinder 10,50 €, Ticket Grand Tour 17,50 €, Kinder 11,50 €

Marionettentheater
Hier werden fast ganzjährig Vorstellungen von Werken Mozarts und Strauß' abgehalten.
www.marionettentheater.at • tgl. außer Di 16 und 19 Uhr Vorstellungen

Wagenburg
Im Seitentrakt sind rund 60 historische Karossen ausgestellt.
Tgl. 10–16 Uhr • Eintritt 9,50 €, Kinder und Jugendliche frei

Spanische Hofreitschule ▶ S. 56, c 3
Unverändert wie vor 430 Jahren wird in der Winterreitschule bei öffentlichen Vorführungen die »Hohe Schule« der klassischen Dressur aus der Zeit der Renaissance dargeboten. Eleganz, Perfektion und Harmonie von Ross und Reiter vor der edlen barocken Kulisse der von Emanuel Fischer von Erlach erbauten Reithalle (1729–1735). Die edlen Lipizzanerhengste, deren Rasse in Lipizza (heute Lipica/Slowenien) beheimatet ist, werden heute in der Weststeiermark gezüchtet und verbringen dort auch ihren Sommer. Pech für Besucher, dann ist im Juli und August die Reitschule in Wien geschlossen.
I., Michaelerplatz 1 (Eingang vom Josefsplatz) • U-Bahn: Stephansplatz • www.srs.at • Voranmeldung empfohlen, Vorführungen und Preise vgl. Homepage, Morgenarbeit mit Musik: Di–Sa 10–12 Uhr • Eintritt 15 €, Kinder 7,50 €, Karten im Besucherzentrum erhältlich (Di–So 9–16 Uhr)

Stephansdom ▶ S. 57, d 3
Der bedeutendste gotische Bau Österreichs und das Wahrzeichen Wiens: der »Steffl« mit seinem imposanten, 137 m hohen Südturm.

FotoTipp

WIEN VON OBEN GESEHEN
Einen kühlen Drink oder den Cappuccino mit Fernblick über die Dachlandschaft genießen kann man im 8. OG in der Rooftop-Bar im Ritz-Carlton (Stubenring 5–7), in der Sky Bar im Kaufhaus Steffl (Kärntnerstr. 19) oder im Justizcafé (Schmerlingplatz 11). Ideal für ein Panoramafoto! ▶ S. 62

56 UNTERWEGS AUF DER DONAU

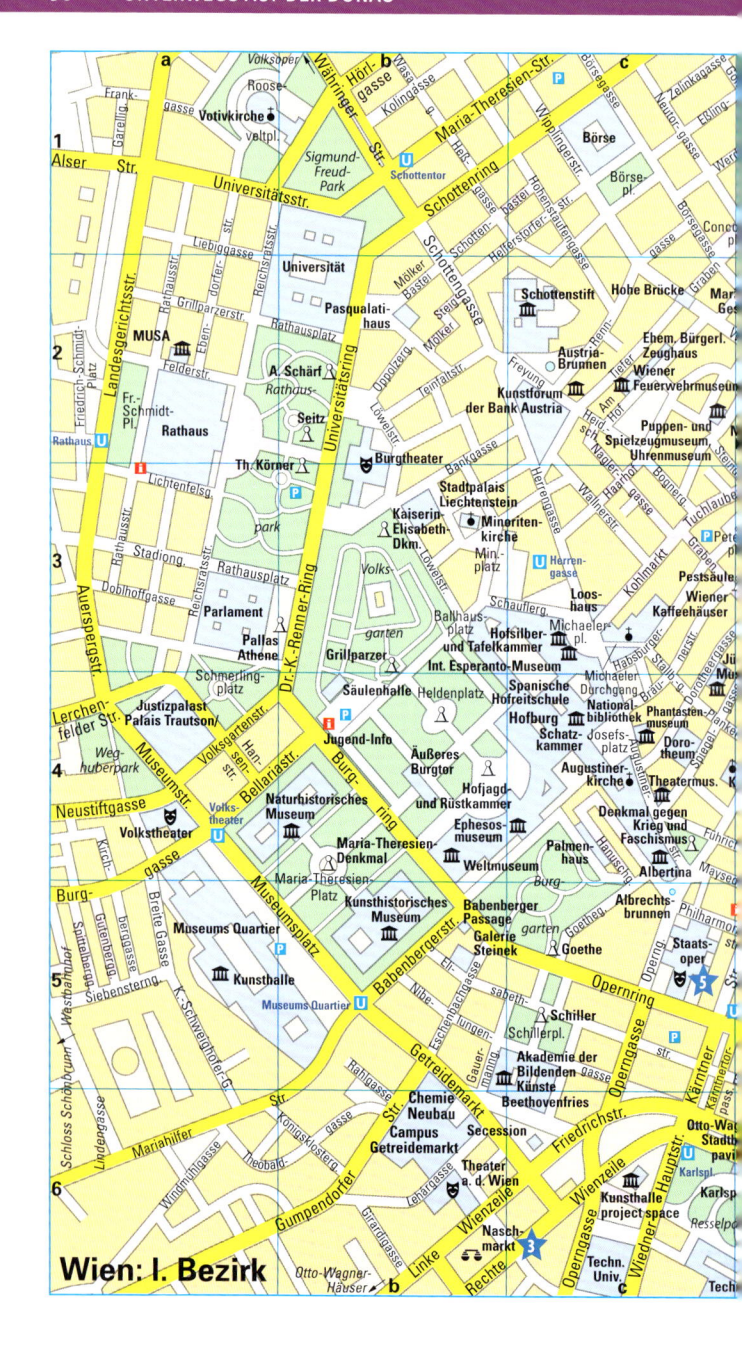

Wien: I. Bezirk

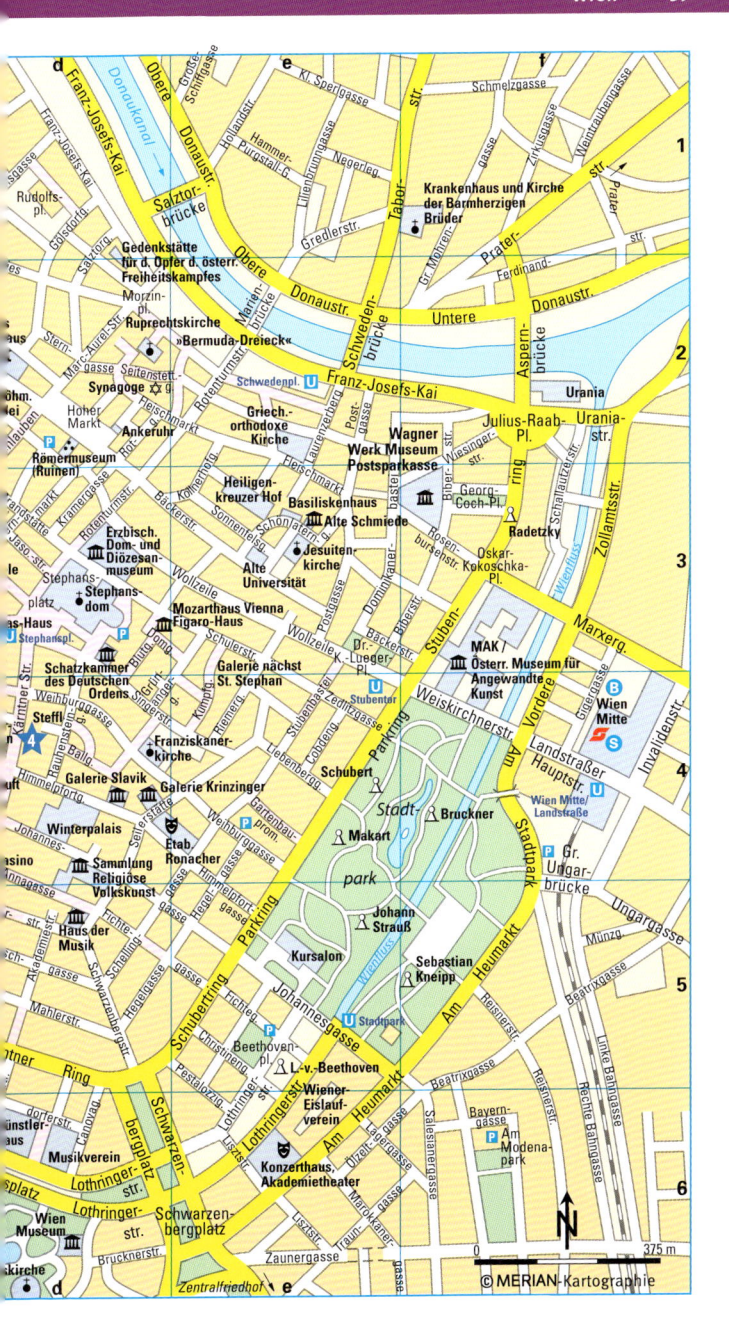

Wien

Von oben bietet sich eine schöne Aussicht über die Stadt; man muss dazu auf der steilen Wendeltreppe 343 Stufen bis zur 73 m hohen Türmerstube überwinden (tgl. 9–17.30 Uhr, Eintritt 4,50 €). Vom Nordturm genießt man eine Aussicht, die weit hinter die Donau reicht. Die Westfassade mit dem Riesentor blieb noch vom romanischen Bau erhalten, der Rest ist gotisch. Im Inneren ist die von Anton Pilgram 1514/15 geschaffene Kanzel Hauptanziehungspunkt – als »Fenstergucker« hat er sich am Sockel selbst verewigt. Auch das Grabmal von Kaiser Friedrich III. in rotem Marmor und der Wiener Neustädter Altar, ein kunstvoll verzierter gotischer Flügelaltar (1477), lohnen einen Blick.
I., Stephansplatz • U-Bahn: Stephansplatz • www.stephanskirche.at
– Domführungen: Dauer 30 Min., tgl. 15 Uhr • Eintritt 6 €, Kinder 2,50 €
– Nordturm/Aufzug: tgl. 9–17.30 Uhr • Eintritt 6 €, Kinder 2,50 €
– Domschatz (Westempore): Mo–Sa 9–17 Uhr • Eintritt 6 €, Kinder 2,50 €
– Katakomben: Dauer 30 Min., Mo–Sa 10–11.30 und 13.30–16.30, So 11.30–16.30 Uhr • Eintritt 6 €, Kinder 2,50 €

UNO-City ▶ S. 56, nordöstl. f 1
Das »Vienna International Centre« wurde von 1973 bis 1979 für die ansässigen UN-Organisationen errichtet. Neben Genf, Nairobi und New York ist Wien der vierte Amtssitz der Vereinten Nationen. Die vier Bürotürme mit ihren 24 000 Fenstern sind schon bei der Anfahrt vom Schiff aus sichtbar.
XXII., Wagramer Straße/Donaupark • U-Bahn: Donauinsel • www.unvienna.org • Führungen Mo–Fr 11 und 14 Uhr • Eintritt 10 €, Kinder 5 €

Zentralfriedhof ▶ S. 57, südl. e 6
»Es lebe der Zentralfriedhof« sang bereits 1974 der Austropop-Musiker Wolfgang Ambros. Und damit ist er in bester Gesellschaft zum Wiener Publikum. Man sagt ihnen allgemein einen Hang zum Morbiden nach, und so führt so mancher Sonntagsspaziergang nicht in den blühenden Prater, sondern auf den Zentralfriedhof. Drei Millionen Wiener haben hier ihre letzte Ruhestätte gefunden. Dazu zählen auch 2000 Ehren- und Prominentengräber. Empfehlenswert ist ein Faltblatt als Friedhofsführer, es ist erhältlich am Tor 2, um die Gräber von Beethoven, Gluck, Nestroy, Hans Moser, Curd Jürgens, Helmut Qualtinger oder Falco und Udo Jürgens zu finden. Bei so manchem prunkvollen Grab denkt der stille Besucher häufig, er spaziere entlang der Ringstraßenpalais.
XI., Simmeringer Hauptstr. 234 • S-Bahn: Zentralfriedhof, Straßenbahn: Tor 1, Tor 2, Tor 3 • www.zentralfriedhof.at • April–Sept. 7–19, März, Okt. 7–18, Nov.–Feb. 8–19, Mai–Aug. jeden Do 7–20 Uhr

MUSEEN UND GALERIEN
Albertina ▶ S. 56, c 4
Einzelausstellungen von Rubens, Chagall und Mondrian. Außerdem besitzt die Albertina eineinhalb Millionen Druckgrafiken und einen einzigartigen Bestand an Blättern Albrecht Dürers, von denen aber nur ein kleiner Teil zu sehen ist. Eine Architektursammlung mit 50 000 Plänen, Modellen und Skizzen sowie eine Fotosammlung ergänzen das Angebot.
I., Augustinerstr. 1 • U-Bahn: Karlsplatz/ Oper • www.albertina.at • tgl. 10–18, Mi 10–21 Uhr • Eintritt 16 €, Kinder frei

Das Kunsthistorische Museum (▶ S. 59) birgt Stücke aus sieben Jahrtausenden. In der Gemäldegalerie sind vor allem Kunstwerke aus dem 16. und 17. Jh. vertreten.

Haus der Musik ▶ S. 57, d 5

Im ehemaligen Palais des Erzherzogs Karl wird Musik in all ihren Facetten erlebbar und der Klang von Wien hörbar. Der Slogan »Schicken Sie Ihre Ohren auf Entdeckungsreise« kann in diesem modernen Museum leicht zu einem Ganztagesprogramm ausarten. Interaktiv das Walzerwürfelspiel erlernen, die Sinne berauschen in der Sonosphere, im Polyphonium entspannen, die großen Meister der Musik kennenlernen und zum Schluss selbst den Taktstock schwingen und virtuell die Wiener Philharmoniker dirigieren sind nur einige der Stationen in der Welt der Musik. Zur Erholung geht es dann ins Café Nicolai. In diesem Museum haben Erwachsene und Kinder ihren Spaß!
I., Seilerstätte 30 • U-Bahn: Stephansplatz • www.hdm.at • tgl. 10–22 Uhr • Eintritt 13 €, Kinder 6 €

Jüdisches Museum der Stadt Wien
▶ S. 56, c 4

Einblicke in die lange Geschichte der Juden in Wien und den Holocaust, der für 181 000 jüdische Mitbürger der einst 183 000 zählenden Gemeinde den Tod bedeutete, gibt das 1993 eröffnete Museum. Ergänzend wird in wechselnden Ausstellungen Bezug zu aktuellen jüdischen Themen genommen.
I., Dorotheergasse 11 • U-Bahn: Stephansplatz • www.jmw.at • So–Fr 10–18 Uhr • Eintritt 12 €, Audioguide 2 €

Kunsthistorisches Museum
▶ S. 56, b 5

Das Kunsthistorische Museum, ganz in der Nähe des MuseumsQuartiers gelegen, glänzt u. a. mit der Antikensammlung, der Gemäldegalerie, dem Münzkabinett und der Kunstkammer. Berühmt-berüchtigt wurde es durch einen dreisten Kunstraub

2003. In den Morgenstunden des 11. Mai benötigte ein Dieb nur 46 Sekunden, um das auf 50 Mio. Euro geschätzte Kunstwerk »Saliera« von Benvenuto Cellini (1500–1571) zu stehlen. Über ein Baugerüst verschaffte er sich Zutritt. Den ausgelösten Alarm ignorierten die Wachleute, weil sie von einem Fehlalarm ausgingen. Erst das Reinigungspersonal bemerkte am folgenden Tag das Fehlen eines der wichtigsten Ausstellungsstücke des Museums.

Die 1540 bis 1543 aus einem Stück Goldblech getriebene Skulptur, Neptun als Gott des Meeres und Tellus als Göttin der Erde darstellend, sollte einst als Salz- und Pfefferfass das Tischgeschirr von Franz I. von Frankreich bereichern und gelangte später in den Besitz der Habsburger. Nun war sie verschwunden, und der Dieb stellte seine Lösegeldforderung. 10 Mio. Euro oder er würde den Kunstschatz der Spätrenaissance einschmelzen. Als Beweis wurde ein abnehmbarer Teil der Skulptur, der Dreizack des Neptun, an das Bundeskriminalamt geschickt. Fieberhaft wurde ermittelt. Die eigens eingesetzte Sonderkommission hatte Erfolg. Drei Jahre nach dem Diebstahl führte der dreiste Dieb die Polizei zu einem Waldstück, wo er die Saliera in einer Kiste vergraben hatte. Ironie des Krimis: Der Täter war selbst Inhaber einer Firma für Alarmanlagen. Die zuerst verhängte Strafe von vier Jahren wegen schweren Einbruchs und Nötigung wurde später vom Obersten Gerichtshof auf fünf Jahre erhöht, weil man das Delikt als schwere Erpressung ansah. Unbeschadet und restauriert kann der wertvollste Salzstreuer der Welt nun gut gesichert in der Kunstkammer besichtigt werden.

I., Maria-Theresien-Platz • U-Bahn: Volkstheater, MuseumsQuartier • www.khm.at • Juni–Aug. tgl. 10–18, Do bis 21, Sept.–Mai Di–So 10–18, Do bis 21 Uhr • Eintritt 15 €, Kinder/Jugendliche unter 19 Jahre frei

⭐ MERIAN Tipp

NASCHMARKT ▶ S. 56, b 6

»Blunz'n« (Blutwurst), steirisches Kürbiskernöl oder im Eichenfass vergorener Apfelessig mit Honig? Stöbern im Käseland oder schlemmen in der Palatschinkenkuchl – am Naschmarkt ist das alles möglich. Fischliebhaber treffen sich seit 1876 beim Fisch Gruber und genießen bereits am zeitigen Vormittag Austern oder iranischen Kaviar zu einem Glas Champagner. Zu Füßen der Jugendstilhäuser Otto Wagners schmeckt österreichischer Wein zum Donaufisch oder ein ungarisch gewürztes Pfifferling-Gulasch besonders gut. Angenehme Preise geben dem Genuss keinen bitteren Beigeschmack.

VI., Naschmarkt • U-Bahn: Karlsplatz oder Kettenbrückengasse • Mo–Fr 6–19.30, Sa 6–17, Marktstände Mo–Sa 6–23 Uhr

MuseumsQuartier ▶ S. 56, a 5

Die ehemaligen Hofstallungen beherbergen einige herausragende Kunstsammlungen Österreichs: das Leopold-Museum und das Museum Moderner Kunst Stiftung Ludwig. Im quartier 21 wird Kunst- und Kulturinitiativen Raum gegeben.

VII., Museumsplatz • U-Bahn: Volkstheater • www.mqw.at • MQ-Kombi-Ticket 26 €

Der Naschmarkt (▶ S. 60) im IV. Bezirk ist Wiens beste Adresse, um allerlei kulinarische Köstlichkeiten einzukaufen oder direkt vor Ort zu genießen.

Uhrenmuseum ▶ S. 56, c 2

Das Palais Obizzi ist eines der ältesten Häuser Wiens. Benannt nach einem Kommandanten der Stadtwache, der es 1690 erwarb, beherbergt es eine umfassende Sammlung von Uhren. Exponate belegen die Entwicklung der Uhrentechnik seit der ersten Hälfte des 15. Jh.; beachtenswert: französische und Schweizer Taschenuhren.
I., Schulhof 2 • U-Bahn: Schottentor • www.wienmuseum.at • Di–So 10–18 Uhr • Eintritt 7 €, Kinder/Jugendliche unter 19 Jahre frei

Wien Museum ▶ S. 57, d 6

Eine reiche Sammlung zur (Kunst-)Geschichte der Stadt mit Werken von Klimt und Schiele.
IV., Karlsplatz • U-Bahn: Karlsplatz • www.wienmuseum.at • Di–So 10–18 Uhr • Eintritt 10 €, Kinder/Jugendliche unter 19 Jahre frei, So frei

ESSEN UND TRINKEN

Mayer am Pfarrplatz ▶ S. 56, nördl. c 1

Ruhmreiche Vergangenheit • In diesem Haus komponierte Beethoven die »Eroica«. Heute ist hier unter Kastanienbäumen einer von Wiens Nobelheurigen zu finden. Es werden hervorragende Weine sowie süße und pikante Strudel serviert.
XIX., Pfarrplatz 2 • Bus: Fernsprechamt Heiligenstadt Pfarrplatz • Tel. 01/3 70 33 61 • www.pfarrplatz.at • Mo–Fr 16–24, Sa, So und feiertags 12–24 Uhr • €€€

Hawidere ▶ S. 56, südwestl. a 6

Alles Bio • Der Wahlspruch des Hauses: »Bio schmeckt einfach besser«. So werden neben Fisch und Fleisch auch vegetarische und vegane Speisen zubereitet.
XV., Ullmannstr. 31 • U-Bahn: Längenfeldgasse • Tel. 01/06 64 150 8429 • www.hawidere.at • tgl. 16–2 Uhr • €€

⭐ MERIAN Tipp

EINKAUFSTEMPEL STEFFL
▶ S. 57, d 4

Wo früher Mozarts letztes Wohnhaus stand, ist heute das Steffl in Wien eine Institution für hochwertige Bekleidung. Nach Umbau erstrahlt es in neuem Glanz. Auf 14 000 m² finden sich Trachtenmode, Avantgarde, internationale Designermode, Accessoires, Bücher und Wiener Kunsthandwerk. Im obersten Stockwerk locken kulinarische Genüsse in einem Nobelrestaurant, und die Sky Bar bietet einen weiten Blick über Wien.
I., Kärntner Str. 19 • U-Bahn: Stephansplatz

Weinbau Hajszan ▶ S. 56, nördl. b 1
Qualität, nicht Masse • So lautet die Devise von Stefan Hajszan. Grüner Veltliner, Riesling und Chardonnay sind die wichtigsten Sorten, die biodynamisch auf 14 ha angebaut werden. Bei Schädlingsbefall kommen z. B. homöopathische Präparate zum Einsatz. Der Arbeit im Keller kann man beim Essen im Restaurant zusehen. Empfehlenswert: eine Jause im Buschenschank mit Blick über Wien.
XIX., Grinzingerstr. 86 • Bus: Fernsprechamt • Tel. 01/3 70 72 37 • www.hajszanneumann.com • Mo–Sa 15–23, So 11–17 Uhr • €€

Zwölf Apostelkeller ▶ S. 57, e 3
Stadtheuriger • Teile des Gewölbes sind 900 Jahre alt, die Fassade stammt von Lukas von Hildebrandt.
I., Sonnenfelsgasse 3 • U-Bahn: Stephansplatz • Tel. 01/5 12 67 77 • www.zwoelf-apostelkeller.at • tgl. 11–24 Uhr • €€

CAFÉS

Demel ▶ S. 56, c 3
Süße Verführung • Wer an exzellente Wiener Mehlspeisen denkt, der denkt an Demel. Von der Sachertorte bis zur Schwarzwälder Kirschtorte – alle teuren Leckereien gibt es auch zum Mitnehmen.
I., Kohlmarkt 14 • U-Bahn: Herrengasse • www.demel.at • tgl. 9–19 Uhr

Sperl ▶ S. 56, b 6
Behaglich • Eines der schönsten Kaffeehäuser der Stadt. Für Zeitungsleser und Billardspieler ein Ort des Müßiggangs.
VI., Gumpendorfer Str. 11 • Straßenbahn: Köstlergasse • www.cafesperl.at • Mo–Sa 7–23, So 11–20 Uhr

EINKAUFEN

Plankl ▶ S. 56, c 3
Sehr große Auswahl an klassischer Trachtenmode – und alles nur von den besten österreichischen Herstellern, zum Beispiel Geiger oder auch Giesswein aus Tirol.
I., Michaelerplatz 6 • U-Bahn: Herrengasse • Tel. 01/5 33 80 32 • www.loden-plankl.at

AM ABEND

Jazzland ▶ S. 57, d 1
Hier wird noch traditioneller Jazz gepflegt, der von New Orleans seinen Weg bis nach Wien fand.
I., Franz-Josefs-Kai 29 • U-Bahn: Schwedenplatz • Tel. 01/5 33 25 75 • www.jazzland.at • Mo–Sa ab 19, Livemusik ab 21 Uhr

Theater an der Wien ▶ S. 56, b 6
Einst galt das Theater an der Wien als Spielstätte der großen Musicals. Heute widmet sich dieses Haus mehr der Oper und der Operette.

VI., Linke Wienzeile 6 • U-Bahn: Karlsplatz • Tel. 01/5 88 85 • www.musicalvienna.at

Wiener Philharmoniker

Einzigartig ist nicht nur der weiche Klang der Wiener Philharmoniker, sondern auch die Beziehung des Opernorchesters zu der Philharmonie der Stadt. Ein Musiker der Staatsoper kann nach drei Jahren Orchesterdienst den Antrag beim Verein der Wiener Philharmoniker stellen. Die Herkunft aus Berlin oder einem anderen Ort ist dabei kein Ausschlusskriterium. Dieser selbstverwaltete Verein, 1842 von dem in Kaliningrad geborenen Otto Nikolai gegründet, bestimmt auch heute noch, wer am Dirigentenpult steht – daher gibt es keinen Chefdirigenten. Bei weltweiten Tourneen ist dieses Orchester einer der besten Botschafter Österreichs. Chancen, wenn auch minimal, die Philharmoniker zu erleben, gibt es: beim Neujahrskonzert im Musikverein und dem prunkvollen Ball der Philharmoniker im Fasching. Leichter ist es dann schon bei Konzerten im Wiener Konzerthaus (www.konzerthaus.at) oder beim öffentlichen Sommernachtskonzert im Schönbrunner Schlosspark. Ansonsten bleibt nur, sich rechtzeitig um Karten für die Wiener Staatsoper zu bemühen.
www.wienerphilharmoniker.at

Wiener Sängerknaben

Der berühmte Knabenchor mit rund 100 aktiven Sängern tritt – außer in den Sommermonaten – an verschiedenen Orten in Wien auf, jeder Sänger ca. 80-mal im Jahr: Sonntags um 9.15 Uhr begleitet er die Messe in der Burgkapelle im Schweizerhof der Hofburg und im Mai, Juni, Sept., Okt. jeden Freitag im Brahmssaal des Musikvereins. Neben der musikalischen Erziehung bleibt den jungen Sängern die schulische Ausbildung im dazugehörigen humanistisch ausgerichteten Internat nicht erspart.
Um Wiener Sängerknabe zu werden, muss man übrigens nicht aus Wien stammen.
www.wsk.at

SERVICE
AUSKUNFT
Wien Tourismus ▶ S. 57, d 5
I., Albertinaplatz/Maysedergasse • U-Bahn: Stephansplatz • www.wien.info • tgl. 9–19 Uhr

⭐ MERIAN Tipp

STAATSOPER WIEN ▶ S. 56, c 5
Stimmungsvoller und mit mehr Eleganz als bei einem abendlichen Besuch der Staatsoper in Wien kann eine Donaukreuzfahrt kaum gestaltet werden. Das »Erste Haus am Ring«, aus dessen Orchester sich die Wiener Philharmoniker rekrutieren, nimmt auch musikalisch einen der ersten Plätze der Welt ein. Während in der Zeit von September bis Juni wechselnde Opernprogramme auf der Bühne gespielt werden, locken im Juli und August Konzertabende mit Werken von Mozart. Es lohnt, sich rechtzeitig – weit vor Beginn der Kreuzfahrt – um Karten zu bemühen.
I., Opernring 2 • U-Bahn: Karlsplatz/Oper, Straßenbahn: Staatsoper • www.wiener-staatsoper.at • Spielbeginn meist 20 Uhr • Karten zwischen 11 € (Stehplatz) und ca. 200 €

Der Donauwalzer

Johann Strauß komponierte 1867 den Donauwalzer, diesen berühmten Gruß Österreichs an die Welt, und landete damit einen bis heute populären internationalen Klassiker.

Neben der Malerei hat keine Kunstform so sehr wie die Musik dazu beigetragen, die Donau weltberühmt zu machen. Eines der bekanntesten Stücke, dem dies gelungen ist, ist der berühmte »Donauwalzer«. Bald nachdem Johann Strauß 1867 diesen Walzer komponiert hatte (damals noch unter dem Namen »An der schönen blauen Donau«), war er aus den Ballsälen des Landes nicht mehr wegzudenken. Populär wie die Hits der Gegenwart sollte seine Musik, einer heimlichen Hymne gleich, Erkennungszeichen für Geselligkeit und das Land Österreich werden und den Mythos von der »blauen Donau« hinaus in die Welt tragen.

Donau so blau, durch Tal und Au wogst ruhig du dahin, dich grüßt unser Wien.
Dein silbernes Band knüpft Land an Land,
und fröhliche Herzen schlagen an deinem schönen Strand.
Weit vom Schwarzwald her, eilst du hin zum Meer,
spendest Segen allerwegen.
Ostwärts geht dein Lauf, nimmst viel Brüder auf:
Bild der Einigkeit für alle Zeit.
Alte Burgen sehn nieder von den Höhn, grüßen gerne dich von ferne,
und der Berge Kranz, hell vom Morgenglanz,
spiegelt sich in deiner Wellen Tanz.

◄ Diese Farblithografie zeigt Johann Strauß beim Auftritt im Wiener Prater.

Erst 23 Jahre nach dem Entstehen des Walzers dichtete Dr. Franz von Gernerth (Oberlandesgerichtsrat) diesen zweiten Text für die berühmte Melodie. Doch war der Walzer bis dahin nicht »sprachlos« gewesen. Denn ist auch die Musik wunderschön und der Text romantisch, so war die Geburt des Walzers, wie es sich für einen so gewaltigen Fluss gehört, nicht frei von Dramatik.

Aus der Not geboren

Ein Ausflug in die Geschichte: Man schreibt den 3. Juli 1866, und Österreich ist Kaiserreich. Gerade sind die eigenen Truppen, geführt von General Benedekt, bei Königgrätz von der preußischen Armee, angeführt von General von Moltke, geschlagen worden. Wien, das die Türkenbelagerung in schlechter Erinnerung hat, befürchtet das Schlimmste. Wird es wieder so weit kommen? Werden die vorrückenden Preußen in die geliebte Stadt einfallen? Die Stadtoberen haben keine andere Wahl: Sie erklären Wien zur offenen Stadt. Der Ernst der Lage wird der Bevölkerung erst richtig klar, als auch die traditionellen großen Bälle abgesagt werden. Wer die Freude der Wiener an Tanz und Musik kennt, wird begreifen, wie sehr die Menschen unter dieser tief greifenden Einschränkung gelitten haben müssen. Mitten in der Faschingszeit konnte so ein Narrenabend des Wiener Männergesangsvereins nicht stattfinden. Eine Alternative musste her und das möglichst schnell. Besagter Verein ließ also von Johann Strauß einen Walzer komponieren, den man trotz Ballverbots zur Aufführung bringen wollte. Schelmisch wie man war, dichtete man gleich einen Text, der in kabarettistischer Form den Staat und seine Politiker verhöhnte und auch mit Anspielungen auf die verlorene Schlacht nicht sparte.

Mit der Donau ins neue Jahr

Alljährlich am 1. Januar begrüßen die Wiener Philharmoniker aus dem Haus des Musikvereins Wien am Karlsplatz das Neue Jahr mit einem vom ORF via Fernsehen und Radio in alle Welt übertragenen Neujahrskonzert. Einer der Höhepunkte ist die zweite Zugabe, wenn der Donauwalzer erklingt und so ein musikalischer Gruß Österreichs in die Welt getragen wird. Fast jedes Jahr gibt ein anderer Stardirigent den Takt an. Doch eines bleibt immer gleich: Beschwingt und voller Zuversicht sowie völkerverbindend wie der Fluss selbst ist der Donauwalzer, aus der Krise geboren, ein Zeichen der Hoffnung, wie schlecht die Zeiten auch sein mögen. In diesem Zusammenhang noch ein wenig Farbenlehre: Auch wenn der großartige Johann Strauß seinen Walzer »An der schönen blauen Donau« nannte, Beobachtungen von 1935 haben ergeben: »Die Donau ist 6 Tage im Jahr braun, 55 lehmgelb, 38 schmutzig, 49 hellgrün, 47 grasgrün, 24 stahlgrün, 109 smaragdgrün, 37 dunkelgrün, aber blau ist sie niemals.« So viel zur »blauen Donau«! Übrigens: In Neuseeland wird bei Staus im Verkehrsfunk mit dem »Donauwalzer« auf Meldungen aufmerksam gemacht. Und in Stanley Kubricks filmischem Meisterwerk »2001: Odyssee im Weltraum« gleitet ein Raumschiff zu diesen Klängen im Weltraum.

Donau-Auen

Vom Nationalpark, in dem unzählige Pflanzen und seltene Tierarten einen geschützten Lebensraum gefunden haben, führt die Reise nach Bratislava.

◀ Im Frühjahr blüht der wilde Bärlauch
im Nationalpark Donau-Auen (▶ S. 67).

Die Donau-Auen, ein Gebiet von eindrucksvoller landschaftlicher Schönheit, sind über die Grenzen berühmt geworden, weil Mitte der 1980er-Jahre ein von der österreichischen Regierung geplantes Wasserkraftwerk zwischen Wien und der slowakischen Grenze den Protest zahlreicher Umweltschützer hervorrief. Prominente und ein großer Teil der Bevölkerung – sogar etliche der konservativen Seite – unterstützten die Bewegung. Sie besetzten kurzerhand ein in der Nähe von Hainburg gelegenes Waldstück, in dem bereits mit Rodungsarbeiten begonnen worden war, und stoppten das Vorhaben. Eine der letzten großen unverbauten Flussauen Mitteleuropas wurde so gerettet. 1997 erfolgte die internationale Anerkennung des 1996 geschaffenen Nationalparks Donau-Auen.

Das Auf und Ab der Wasserstände mit beachtlichen Pegelschwankungen von bis zu 7 m bestimmt den Lebensrhythmus der Au. Auf diesen so regelmäßig überschwemmten, nährstoffreichen Auwiesen finden seltene Tierarten sowie eine vielfältige Vegetation mit über 400 Pflanzenarten ihre Heimat. Mehr als 30 Säugetier-, acht Reptilien- und 13 Amphibienarten sowie hundert Brutvögelarten bevölkern das intakte Ökosystem der Auen, in der Donau selbst sind 60 Fischarten zu finden. Neben den ökologischen Aspekten ist durch die Ausweisung eines Nationalparks ein Erholungsraum für die Bevölkerung von Wien und Bratislava erhalten geblieben.

Für den Schiffsverkehr bedeutet dieser Naturschutz aber auch ein paar Behinderungen: Alle Kapitäne müssen sich ab Wien bis zur slowakischen Grenze auf die natürlich fließende Donau einstellen und so ihr Fahrwasser nach der nötigen Tiefe auswählen.

Groß-Branchiopoden
Die Urzeitkrebse, die man hauptsächlich als Fossilien kennt, haben östlich von Wien einen der letzten Lebensräume in Österreich. Besonders nach starken Regenfällen sind die gepanzerten Tiere gut zu beobachten.

Pannonien
Die Region war von 9 bis 433 römische Provinz und reichte etwa von Wien über das westliche Ungarn bis ins heutige Slowenien und Kroatien. Nach 433 fiel das Land an Attila. Pannonisches Klima oder Pannonisches Becken sind bis heute gebräuchliche Begriffe.

Carnuntum

Auf halber Strecke zwischen Wien und Bratislava in der Nähe von Hainburg befindet sich hinter Bäumen versteckt liegend **Petronell-Carnuntum**, eine kleine Marktgemeinde mit ca. 1200 Einwohnern am rechten Ufer der Donau. Heute eher unbedeutend, lag hier mit der Festung Carnuntum einer der wichtigsten Stützpunkte der römischen Provinz Pannonien mit bis zu 50 000 Einwohnern (zum Großteil Soldaten).

Bratislava

»Die Schöne der Donau« wird die Hauptstadt der Slowakei auch genannt. Den Besucher erwartet ein junges Flair in der frisch restaurierten Altstadt.

Bratislava

F 4

430 000 Einwohner
Stadtplan ▶ S. 71

Wenn am Abend die Schiffe in Bratislava anlegen, fällt als Erstes die Neue Brücke »nový most« über die Donau auf. Der Fluss hat hier eine Breite von bis zu 300 m. Die Schrägseilbrücke wurde in den Jahren 1967–1972 als eine hängende Stahlbrücke, nur von einem Pfeiler getragen, gebaut. Diese eigenwillige Konstruktion erhielt später den Titel »Bau des 20. Jahrhunderts«.

Bratislava (deutsch »Pressburg«, ungarisch »pozsony«) ist die Hauptstadt der Slowakischen Republik – kurz Slowakei – und die größte Stadt des Landes. Sie ist politisches, wirtschaftliches und kulturelles Zentrum, dessen Wahrzeichen die Burg (»hrad«) ist.

Das Stadtbild der Altstadt wird vor allem vom spätbarocken Baustil aus der Zeit Maria Theresias geprägt. Ihr Mitregent, Schwiegersohn Herzog Albert von Sachsen-Teschen, residierte im heutigen Palais Grassalkovich. Bratislava erhielt 1217 das Stadtrecht und war von 1541 bis 1684 Hauptstadt des westlichen Teils von Ungarn. Die Ungarn verlegten ihre königlichen Amtsgeschäfte von Buda nach Pressburg, als Budapest

◄ Über der Stadt Bratislava thront die imposante Burg (»hrad«) (▶ S. 69).

im Mittelalter unter türkischer Besatzung stand. Die folgenden Monarchen hielten ihre Krönungszeremonien im gotischen Martinsdom ab.
Seit der friedlichen Trennung der tschechischen und slowakischen Republiken und der Gründung der Slowakischen Republik am 1. Januar 1993 ist Bratislava die jüngste Hauptstadt Europas.

SEHENSWERTES

Burg (»hrad«) ▶ S. 71, a 2

Das Wahrzeichen Bratislavas ist ab dem Donauufer (an der Auffahrt zur Neuen Brücke) über einen schmalen Weg zum Sigismundtor zu erreichen. Die Bewohner der Stadt nennen die restaurierte Burg gerne den »umgedrehten Tisch« wegen ihrer markanten Ecktürme.
www.bratislava-hrad.sk • Di–So Winter 9–17, Sommer 10–18 Uhr • 5 €

Janko Král Park ▶ S. 71, südl. b 3

Während der Zeit Maria Theresias wurde dem Dichter Janko Král (1822–1876) einer der ersten öffentlichen Stadtparks Europas gewidmet. Im Volksmund wird der Park auch Brücker Au, Bürger Au, Aupark oder Tyrsgarten genannt.
Im Stil des damals beliebten französischen Barocks wurde der Park mit einem Wegenetz in Form eines achtzackigen Sterns angelegt. Beachtenswert sind zahlreiche Statuen und eine gotische Turmspitze, die ursprünglich in der Altstadt die Franziskanerkirche zierte. Zu erreichen ist der Park vom Schiffsanleger aus über die Neue Brücke, an die der Park angrenzt.

Martinsdom (Katedrála svätého Martina) ▶ S. 71, b 2

Die dreischiffige gotische Kirche, zu Beginn des 14. Jh. an der Stelle eines romanischen Gotteshauses gebaut, gilt heute als eines der schönsten gotischen Bauwerke der Slowakei. Die Innenausstattung war im Laufe der Zeit immer wieder ergänzt und umgestaltet worden. Im 18. Jh. schuf der österreichische Bildhauer Georg Raphael Donner auf Einladung des Erzbischofs Emmerich Esterhazy den Hauptaltar und die Barockkapelle des hl. Johannes. Der zusammen mit der Kirche errichtete Turm erhielt in der ersten Hälfte des 19. Jh. sein heutiges Aussehen. Auf der 85 m hohen Turmspitze befindet sich ein goldenes Kissen, auf dem wiederum eine Nachbildung der ungarischen Königskrone ruht. Im Laufe von drei Jahrhunderten (1563–1830) wurden hier elf ungarische Herrscher und acht Königinnen gekrönt. An der Nordwand des Presbyteriums befindet sich eine (nicht vollständige) Liste der hier gekrönten Häupter.
Rudnayovo nám., Staré mesto • www.dom.fara.sk • Mo–Fr 9–11.30 und 13–18, Sa 9–11.30, So 13.30–16.30 Uhr • Eintritt 2 €

SPAZIERGANG

Stadtplan ▶ S. 71

Die liebenswerte alte Stadt und ihre engen Altstadtgassen lassen sich am besten zu Fuß erkunden. Auf diese Weise kann ganz intensiv das Flair gemächlichen Lebens zwischen Barock und Rokoko, Palais und Palisaden, Kunst und Kaffeehäusern genossen werden. Bratislava war über Jahrhunderte eines der wichtigsten Zentren der Region und bis ins 18. Jh. Hauptstadt des Königsreichs

⭐ MERIAN Tipp

AUF DEN SPUREN GEKRÖNTER HÄUPTER
▶ S. 71, b 2

Wer beim Spaziergang in der Innenstadt goldene Krönchen auf den Pflastersteinen entdeckt, ist auf dem rechten Weg: Sie markieren die Route der Krönungszüge. Vom Martinsdom geht es durch die Domherrengasse (Kapitulska ulica), vorbei am gotischen Turm der Klarissinnenkirche, dann durch die Probstgasse (Prepoštska ulicá) und über Venturengasse (Venturska) und Sattelmachergasse (Sedlarska) zum Hauptplatz.

Ungarn. Als jedoch Joseph II. 1783 die ungarische Hauptstadt zurück nach Buda verlegte, war es mit dem Aufwärtstrend für Pressburg zunächst vorbei. In den letzten Jahren wurde sehr viel unternommen, um dem Ruf, »die Schöne der Donau« zu sein, wieder gerecht zu werden.

Unser Spaziergang beginnt am Soldatendenkmal gegenüber der **Slowakischen Nationalgalerie**. Zunächst geht es nach links am Donauufer vorbei und dann nach rechts über die Straße zum **Slowakischen Nationaltheater** mit der Statue der Thalia über der Kuppel an der Vorderfront, in dem Opern und Ballett aufgeführt werden. Vor dem Gebäude, 1886 im Stil der Neurenaissance erbaut, steht die Ganymedes-Fontäne des Bratislaver Bildhauers Viktor Tilgner (1888). Links vom Nationaltheater führt eine Straße direkt ins Herz der Altstadt. Winzige Gassen, Höfe und einige kuriose Skulpturen sind hier zu entdecken, wie der **schöne Naci** oder der **Gaffer (Cumil)**, der am Straßenrand aus einem Gully hervorlugt – ein neuzeitliches Maskottchen der Stadt an der Ecke Panska zur Rybárska brána. Das Verkehrsschild »Männer bei der Arbeit« soll verhindern, dass, wie schon zweimal geschehen, Pkw-Fahrer Cumil übersehen und »köpfen«. Der **Hauptplatz** (Hlavne námestie) – im 14. Jh. fanden hier die Jahresmärkte, aber auch Hinrichtungen statt – bildet das Zentrum des historischen Stadtkerns. Umgeben von gotischen Häusern, die zur Verteidigung der Stadt mit wehrhaften Türmen versehen wurden, ist hier auch der richtige Ort für eine Rast in einem der Cafés und Restaurants. Zu empfehlen ist das Café Mayer (9.30–22 Uhr), wo es hervorragende slowakische und wienerische Kuchen- und Tortenspezialitäten zu günstigen Preisen gibt, genauso wie gegenüber bei Café und Delikatessen Maximilian (9–21 Uhr). Wer hingegen ein modernes Ambiente vorzieht, sollte ins Prašná Bašta (▶ S. 72) gehen (Zámočnícka 11).

In der Mitte des Hauptplatzes befindet sich der **Maximilianbrunnen**, den König Maximilian II. bauen ließ. Am östlichen Rand des Hauptplatzes liegt das **Alte Rathaus**, das im 15. Jh. durch den Zusammenbau mehrerer Bürgerhäuser zu einem Ganzen entstanden ist. Den Kern bildet das im 14. Jh. von dem Stadtrichter Jakob erbaute Haus mit seinem Barocktürmchen, das heute als Museum genutzt wird. Der spätgotische Durchgang führt in den Innenhof mit einem Arkadengang aus dem 16. Jh. Links durch ein Tor vorbei gelangt man zum **Primatialpalais**, in den Jahren 1778–1781 nach den Plänen des Wiener Architekten Melchior Hefele im klassizistischen Stil errichtet. Das Tympanon ist übrigens mit einem Mosaik aus schätzungsweise 320 000 Steinchen verziert.

Im Spiegelsaal unterzeichneten Napoleon I. und Kaiser Franz I. von Österreich am 26. Dezember 1805 nach der Drei-Kaiser-Schlacht von Slavkov (Austerlitz) den »Frieden von Pressburg«. In den Räumen sind Dauerausstellungen zu sehen, u.a. eine einmalige Gobelin-Kollektion aus dem 17. Jh. (Eintritt 5 €, erm. 2 €, Di–So 10–17 Uhr).

Von hier aus geht es weiter zur Franziskanerkirche (Ursprung 13. Jh., barockisiert 18. Jh.) und – gegenüber – dem sehenswertesten Rokokogebäude von ganz Bratislava, dem

Mirbach Palais (18. Jh.). Das Ende der Haupteinkaufsstraße Michalská mit einigen Boutiquen und kunsthandwerklichen Geschäften markiert das **Michaelertor**. Mit seinem über 50 m hohen Turm war es Bestandteil der mittelalterlichen Befestigungsanlage der Stadt und wurde im Jahr 1758 mit einer barocken Kuppel und der Figur des Stadtheiligen Michael versehen.

Direkt am Tor steht auch das schmalste Haus der Stadt, seine Breite beträgt nur 1,6 m.

Dauer: ca. 1,5 Std. (ohne Besichtigungen)

ESSEN UND TRINKEN

In Bratislava gewesen zu sein, ohne eines der zahlreichen Cafés, Restaurants, Bars, Pubs oder Weinlokale besucht zu haben, ist beinahe unmöglich. Hier genießt man gern, schließlich galt die Stadt einst als Weinkeller der Habsburger Könige. »na zdravie!« – Zum Wohl! So klingt es daher an vielen Stellen in der Altstadt. Einheimische sagen gern, ihre Stadt sei ein »einziges großes Restaurant«. Wenn ab Mai in der Innenstadt die Wirte ihre Tische im Freien aufstellen, nimmt man gern an warmen Tagen auf ein Glas heimischen Weines Platz.

Da Wien nicht weit entfernt liegt, hat sich auch in Bratislava eine vielfältige Kaffeekultur durchgesetzt. Neben dem sonst üblichen verlängerten Espresso gibt es die breite Kaffeehauspalette. Mögen Sie lieber Tee? Internationale Sorten, fein zubereitet, finden Sie in Teestuben mit der Aufschrift »čajovňa«.

Auch Biertrinker werden sich wohlfühlen. Einige Kleinbrauereien produzieren schmackhaften Gerstensaft, der dann zu günstigen Preisen ausgeschenkt wird.

Houdini Restaurant ▶ S. 71, c/d 3
Magische Küche • »Die Magie des Weines, die Kunst des Geschmacks« lautet der Wahlspruch des Restaurants, für den der große ungarische Magier Pate stand. In der Küche verbindet der junge Koch Michal Skrabak seine Liebe zur italienischen Küche mit der slowakischer Tradition seiner Heimat.
Tobrucka 4 • Tel. 2/57 78 46 00 • www.restauranthoudini.sk • Mo–Sa 12–22.30, So 12–15 und 18–22.30 Uhr • €€€

Prašná Bašta ▶ S. 71, b 2
Kommunikativ • Gemütlicher Innenhof, häufig mit Livemusik. Die Gerichte sind international, das Restaurant vor allem bei Studenten beliebt. Hier kommt man schnell mit seinem Nachbarn ins Gespräch. Günstige Tagesgerichte.
Zámočnícka 11 • Tel. 2/54 43 49 57 • www.prasnabasta.sk • Mo–So 11–23 Uhr • €€€

UFO Bar & Restaurant ▶ S. 71, südl. b 3
Exklusive Lage • Das Aussichtsrestaurant auf dem Pylon der Neuen Brücke über die Donau. Der Blick ist spektakulär, die Drinks an der Cocktailbar sind international, und die Küche im Restaurant ist gehoben, aber nicht abgehoben. Der Lift führt in 45 Sekunden zum Oberdeck über der Donau (6,50 €; bei Besuch des Restaurants umsonst), im Volksmund auch »Ufo-Brücke« genannt.
Nový Most • Tel. 2/62 52 03 00 • www.redmonkeygroup.com • Mo–So Aussichtsdeck und Bar 10–23, Restaurant 12–23 Uhr • €€€

EINKAUFEN

Aupark Shopping Center

▶ S. 71, südl. b 1

Neben den kleinen Geschäften in der Altstadt bietet dieses Shoppingcenter als größte Einkaufsanlage in Bratislava vielfältige Abwechslung an Boutiquen, Spielwarengeschäften, Imbissläden und Schuhgeschäften.
Einsteinova ulica • Mo–Fr 10–21, Sa, So 9–21 Uhr

Märkte

Ein wenig abseits der üblichen Touristenpfade bieten die lokalen Wochenmärkte die Möglichkeit, Einheimischen zu begegnen, günstig ein paar Souvenirs einzukaufen und traditionelles Handwerk kennenzulernen. Samstags findet der belebteste von ihnen auf der Mileticova statt (Straßenbahn Nr. 9 bis Záhradnicka). Aber auch in der Nähe vom Medizinischen Garten, in der Polka oder auf der Petrzalka (Sancova und Mlynarovicova) können slowakische Spezialitäten probiert werden.

Wer lieber die älteste überdachte Markthalle Bratislavas besuchen möchte, geht in die Námestie SNP 25. Dort, wo einst eine wehrhafte Bastion aus dem 15. Jh. stand, wurde 1910 die Stara Tržnica (Alte Markthalle) eröffnet (www.staratrznica.sk). Vor dem Eingang ist der restaurierte Springbrunnen »Der Löwe mit dem Wappen« einen Blick wert. Durch ein gläsernes Dach geschützt sind die Reste der St.-Jakobs-Kapelle.

– Mileticova ▶ S. 71, nordöstl. d 1
– Stara Tržnica ▶ S. 71, c 1

SERVICE

AUSKUNFT

BKIS Zentral Tourist Point ▶ S. 71, c 2
Klobunička 2 • Tel. 2/54 43 37 15 • www.bratislava.sk • Mo–Fr 9–18, Sa 9–15, So 10–15 Uhr

Teil des Krönungswegs ist heute die Einkaufsmeile Michalská. Das Ende der Straße bildet das Michaelertor (▶ S.72) mit seinem Turm.

Donauknie

Der Fluss wechselt die Richtung, nimmt eine neue Verkehrsführung an; zuvor beeindruckt Baukunst auf und neben der Donau die Flussreisenden.

◀ Der Dom von Esztergom (▶ MERIAN TopTen,
S. 75) ist einer der größten Europas.

Bevor zwischen Bratislava und Budapest Natur und reiche Kultur das Interesse wecken, sollte unbedingt auch eine technische Attraktion Beachtung finden. Dem aufmerksamen Flussfahrer wird auffallen, dass kurz hinter Bratislava der Fluss einen geradlinigen Verlauf annimmt und beiderseits von Dämmen begleitet wird. Hierbei handelt es sich nicht mehr um die Donau, sondern um den Gabčikovo-Kanal. Diese neue Verkehrsführung war notwendig geworden, nachdem in den 1980er-Jahren ein großes Stauprojekt realisiert werden sollte. Das Staudammprojekt wurde nie umgesetzt, das Kraftwerk Gabčikovo aber gebaut. Selbst wenn es spät in der Nacht ist, muss das Schauspiel miterlebt werden! Daher entweder den Wecker stellen oder wach bleiben und an Deck gehen, wenn gut 20 km nach Bratislava das Schiff in die **Schleuse von Gabčikovo** ⭐ fährt. Die Donau wird hier angestaut und ihre Kraft von dem Wasserkraftwerk (10 Turbinen) genutzt. Die Schiffe werden in einer der größten Schleusenkammern der Welt (34 x 275 m) um bis zu 20 m gehoben und gesenkt.

Die strahlende Basilika Esztergom

Esztergom, ehemaliges Gran, eine Stadt mit 30 000 Einwohnern, ist eine der ältesten Städte Ungarns. 972 ließ Fürst Géza einen Palast bauen, in dem der Legende nach im Jahr 1000 sein Sohn Stephan I. geboren wurde: erster ungarischer König und Staatsgründer.
Auf keinen Fall sollte man verpassen, wenn die auf dem Burgberg gelegene Basilika passiert wird. Sie wurde in den Jahren 1821–1856 im klassizistischen Stil erbaut und ist heute Hauptsitz der katholischen Kirche Ungarns. Bei ihrer Einweihung im Jahr 1856 dirigierte Franz Liszt (1811–1886) in Anwesenheit Kaiser Franz Josephs I. seine berühmte und für diesen Anlass komponierte Graner Messe.
Ein besonderer Höhepunkt der Donaukreuzfahrt ist zweifellos, am Abend an dem beleuchteten **Dom von Esztergom** ⭐ vorbeizugleiten. Der Kapitän lässt langsamer fahren, und ehrfurchtsvoll schaut man zu dem erhaben und fast schon ein wenig entrückt wirkenden Prachtbau empor, der noch lange seinen Glanz am Abendhimmel ausstrahlt.

Grenzfluss
Wieder einmal ist die Donau Grenze und Kulturbrücke zugleich. Am nördlichen Ufer liegt Esztergoms slowakische Schwesterstadt Štúrovo, zu Deutsch Parkan.

Auch ein Landausflug zur Kathedrale, der zweitgrößten Kirche Europas, ist lohnend. Sie besitzt eine Kuppel mit einem Durchmesser von 33,5 m und ein auf Leinwand gemaltes Altarbild, das eine vergrößerte Kopie der Assunta von Tizian darstellt und als das größte seiner Art gilt. Ein Blick in die Schatzkammer gibt einen guten Eindruck von den Reichtümern und bietet dazu rund tausend Jahre Kirchengeschichte.

Zu Gast in der »hohen Burg«

Visegrád ist slawisch und bedeutet »hohe Burg«. Das malerisch gelegene Städtchen (3000 Einwohner) ist vor allem wegen seiner **Zitadelle** und den Überresten des **Königspalastes** ein Besuchermagnet. Die Glanzzeit des Visegráder Königspalastes begann in der Mitte des 15. Jh., als er im gotischen Stil weitergebaut wurde. Während der Türkenherrschaft wurden sowohl der Königspalast als auch die ältere Burg zerstört, später verschwand der Palast nach einem Erdrutsch vollständig. Die Ausgrabungen begannen erst 1934.

Vom Schiff aus gesehen befindet sich neben dem Hafen der sogenannte Wasser-Festungsturm. Das mehrstöckige, im romanischen Stil erbaute Gebäude sicherte die Wasserversorgung des Schlosses. Da es jedoch dem Bau der Hauptstraße im Wege stand, wurde es abgerissen und erst 1937 in seiner heutigen Form wieder aufgebaut. Der Turm wurde zur gleichen Zeit wie die Burg, also im 13. Jh., gebaut, mit bis zu 8 m dicken Wänden. Einer Legende nach hielt König László I. seinen Rivalen, den Königssohn Salomon, hier gefangen. Allerdings: Dieses Ereignis fällt zeitlich in das 11. Jh., als der Turm noch nicht gebaut war …

Einst römisch – das Städtchen Vác

Am linken Donauknie am Stromkilometer 1679,5 liegt das kleine Barockstädtchen **Vác**, das sich durch seinen einzigartigen Triumphbogen von 1764 auszeichnet. Vác war einst eine römische Festung, deren Überreste zu besichtigen sind.

In Szentendre ruft die Kunst

Ein beliebter Ausflug ist der in das Künstlerstädtchen **Szentendre**. Ein Hauch von Nostalgie weht durch das kleine Worpswede Ungarns mit der liebevoll restaurierten Altstadt. Szentendre wurde früher Sankt Andrä genannt (Szent = heilig; Endre = Andreas).

Vielvölkerstadt
Nach der Besetzung durch die Türken im 16. und 17. Jh. siedelten sich Slowaken, Deutsche und heimgekehrte Ungarn gemeinsam an.

Erklärung von Visegrád
Seit 1991 gehören Ungarn, Polen, Tschechien und die Slowakei der Visegrád-Gruppe an, die sich die Mitgliedschaft in der EU und der NATO zum Ziel gesetzt hatte. Aber auch nach Erreichen der Ziele besteht die Gruppe weiter.

Zu Beginn des 18. Jh. führten vor allem zugewanderte Serben Szentendre als Handelsstadt zur Blüte. Heute könnte man den Ort wegen der zahlreichen Museen und Gedenkhäuser sowie wegen der hier ansässigen oder einen großen Teil des Jahres hier tätigen Künstler als »Museumsstadt« bezeichnen. Die schmalen Gassen, Anhöhen oder Treppen, die winzigen alten Bürgerhäuser mit den Stilmerkmalen von Barock, Rokoko und Zopfstil sowie das bunte Treiben auf den kleinen Plätzen verleihen dem Donaustädtchen eine märchenhafte Atmosphäre.

Spaziergang durch Szentendre

Ein kleiner Spaziergang durch den Ort kann am Hősök tere beginnen, vor der Station der Vorortbahn HÉV. Durch die Unterführung gelangen Sie zur Kossuth Lajos utca. Bald schon erblickt man die griechisch-orthodoxe **Požarevačka-Kirche**, benannt nach dem Ort Požarevačka, aus dem die ersten Mitglieder der hiesigen serbischen Gemeinde stammten. Die Kirche wurde im 18. Jh. im Barockstil erbaut. Vorbei an schönen alten Häuschen gelangt man in die Dumtsa Jenő utca, wo im Haus Nr. 10 Werke des großen ungarischen Avantgardekünstlers Jenő Barcsay (1900–1988) zu sehen sind.

Das Stadtzentrum mit dem dreieckigen Főtér wird geprägt durch Häuschen in verschiedenen Stilarten und ein Kaufmannskreuz. Dieses errichteten serbische Kaufleute aus Dankbarkeit, der Pest entronnen zu sein. In den ehemaligen serbischen Handelshäusern (Nr. 2–5) befindet sich eine Gemäldegalerie mit einer Auswahl an Werken der über hundert in der Stadt arbeitenden Künstler. An der zur Donau liegenden Seite des Főtér, an der Ecke der kurzen Görög utca, steht die griechisch-orthodoxe Mariä-Verkündigungs-Kirche **Blagovestanska** (1752), der wohl schönste Barockbau der Stadt. Im Haus Nr. 6, einem Zopfstilgebäude, wurde das **Ferenczy-Museum** mit Werken der namhaften ungarischen Künstlerfamilie Ferenczy untergebracht. Von hier führt der Weg in die Görög utca und von dort nach rechts in die Wastagh György utca, an deren Ecke sich Szentendres meistbesuchte Sammlung befindet mit interessanten Arbeiten der bekannten ungarischen Keramikkünstlerin Margit Kovács (1902–1977).

Dauer: ca. 1,5 Std. (ohne Besichtigungen)

Hohe Burg
Die Ruinen der gewaltigen Hochburg liegen hoch über dem Fluss. Der gekennzeichnete Weg führt von dort zum Nagyvillám Hügel, von dessen Aussichtsturm man einen Blick auf die schöne Umgebung des Börzsöny- und des Cserhát-Gebirges werfen kann.

Turbulente Geschichte
Als Belgrad 1739 an die Türken fiel, wurde Szentendre von einer wahren Welle serbischer Flüchtlinge überspült. Die Neuankömmlinge belegten die Stadt völlig mit Beschlag, sodass diese sogar Sitz eines prawoslawischen (orthodoxen) Bischofs wurde.

Ferenczy-Museum
Im 19. und frühen 20. Jh. waren der Maler Károly, seine Geschwister Noémi und Béni für ihre Gobelin- und Bildhauerarbeiten bekannt.

Budapest

Die Donau teilt die Stadt in die Viertel Buda und Pest. Bei Tag und Nacht bietet sich dem Betrachter von Bord aus ein herrlicher Blick auf das »Paris des Ostens«.

Budapest

G 4

1,7 Mio. Einwohner
Stadtplan ▶ S. 81

Das Stadtbild der Metropole wird von der Donau geprägt, die mitten durch die Stadt fließt. Auf der rechten Seite des breiten Stroms liegt das von Bergen umkränzte Buda, auf der linken das flache Pest. Eine kleine Eselsbrücke hilft: Dort, wo das Parlament liegt, ist Pest, dort, wo die Burg liegt, ist Buda.

Erst seit 1873, als die bis dato eigenständigen Siedlungen Óbuda (Altofen), Buda (Ofen) und Pest vereinigt wurden, trägt die Stadt den Namen Budapest.

Die Lage am Schnittpunkt zweier Kulturkreise und die daraus resultierende besondere Rolle Budapests kommen insbesondere im Lebensrhythmus der Stadt, in der Mentalität der Budapester zum Ausdruck. Westlicher praktischer Sinn – in erster Linie der der Deutschen, die jahrhundertelang hier Einfluss nahmen – und Rationalismus leben hier traut vereint mit der typischen östlichen Gelassenheit und Unordnung. In der Zeit vom 16. Jh. bis in unsere heutige Zeit litten wenige Städte so unter kriegerischen Auseinandersetzungen wie Budapest. Deshalb gehören die barocken Adelspalais des

◄ Die Kettenbrücke – die älteste der Budapester Donaubrücken.

18. Jh. im Budaer Burgviertel heute leider der ruhmreichen Vergangenheit an. Einst waren sie Budas Zierde und zeugten von der blühenden Kultur der Madjaren.

Die niedergeschlagene Revolution und der Freiheitskampf von 1848/49 hatten den Ausgleich mit dem Haus Habsburg und die Gründung der österreichisch-ungarischen Monarchie zur Folge. Wien und Budapest wurden nun sozusagen »Schwesterstädte«, und das junge Budapest stieg zur Weltstadt auf. Charakteristisch für die Donaustadt ist, dass sie sich erst um die folgende Jahrhundertwende zur Metropole entwickelt hat. Die Stadtväter wollten sie im Rahmen der österreichisch-ungarischen Monarchie mittels wohlüberlegter Aktionen ausbauen, um so zu einer Konkurrenz zu Wien zu werden. In dieser Zeit des Wettstreits entstanden die langen Straßenzüge am Donauufer, die Brücken und Ringstraßen, das Parlament, die Staatsoper und viele andere öffentliche Gebäude in einer solchen Pracht, dass einige Budapest sogar zum »Paris des Ostens« erklärten. Hier fühlte sich auch Kaiserin Sisi wohl, die in dem bezaubernden Barockschloss Grassalkovich in Gögöllö weilte, zu dem die meisten Kreuzfahrtschiffe einen Ausflug organisieren.

Wenn man von Budapest und Ungarn spricht, darf man das gute Essen und den Wein nicht vergessen. Sie lieben es honigsüß und süffig? Dann ist der Tokajer Ausbruchwein (Tokaji Aszu) genau das richtige. Kein Geringerer als Ludwig XIV. ernannte ihn zum König aller Weine.

Allerdings hatten ihm vorher Alchimisten bei einer Probe eingeredet, er würde mit dem bernsteinfarbenen Getränk flüssiges Gold zu sich nehmen. Aber auch verwöhnten Liebhabern trockener Weine bietet Ungarn seit einigen Jahren ein hervorragendes Angebot. Nicht mehr die Masse für den Sowjetmarkt, sondern für am Weltmarkt orientierte Qualität bestimmt die Produktion seit den 90er-Jahren. Für die lange ungarische Weinbautradition stehen Gebiete wie Sopron und Eger mit Egri Bikavér (Erlauer Stierblut), aber auch der Balaton (Plattensee), Duna (Donau) oder Pannon (Pannonien).

SEHENSWERTES

Da die Kreuzfahrtschiffe in unmittelbarer Nähe der Freiheitsbrücke (Szabadság híd) anlegen, können fast alle wichtigen Sehenswürdigkeiten zu Fuß erreicht werden. Um leichter zur Burg und der **Fischerbastei** ⭐ zu gelangen, eignet sich die Standseilbahn auf der Budaer Seite neben dem Burgbergtunnel an der Kettenbrücke. Natürlich bieten die Schiffe zur ersten Orientierung auch geführte Stadtrundfahrten an; sehr zu empfehlen ist eine Lichterfahrt am Abend, bei der die prachtvollen Fassaden der Innenstadt und die Brücken im Glanz von unzähligen Scheinwerfern erstrahlen.

Burgpalast (Budavári palota)

▶ S. 81, b 4

Mit dem Bau des Königsschlosses wurde im 13. Jh. begonnen, im 16. Jh. galt es als eine der schönsten Residenzen Europas. Nach der Befreiung von der Türkenherrschaft (1686) blieben vom Königsschloss nur noch Ruinen übrig. Mitte des

📷 FotoTipp

DIE LICHTER DER GROSSSTADT

Ein Spaziergang nach dem Abendessen entlang der Duna (Donau) von der Elisabethbrücke zum Parlament bietet zahlreiche romantische Fotomotive. Mit einsetzender Dunkelheit werden die Prachtbauten beleuchtet, und so erscheinen die Löwen und Triumphbögen der Kettenbrücke noch majestätischer. ▶ S. 80

---

18. Jh. wurde dann der südliche Flügel mit seinen 203 Sälen errichtet. 1890 begann man mit dem Bau des auch heute noch das Donaupanorama prägenden, 304 m langen Flügels im neobarocken Stil. Nach dem Zweiten Weltkrieg blieben erneut nur Ruinen zurück. Im Zuge des 1950 begonnenen Wiederaufbaus kamen wertvolle archäologische Funde ans Tageslicht. Außerdem wurden einige grundlegende Veränderungen vorgenommen: Statt der ehemals barocken Kuppel erhielt das Gebäude eine klassizistische. Heute beherbergt der Komplex mehrere Museen, eine Galerie und eine Bibliothek.
Szent György tér • Burgbus und Standseilbahn

⭐ Fischerbastei (Halászbástya)
▶ S. 81, a 3

Es ist mittlerweile zur Tradition geworden, dass Budapest-Besucher die Besichtigung der Stadt mit der Halászbástya beginnen.
Die Fischerbastei wurde zwischen 1899 und 1905 von Frigyes Schulek im neoromanischen Stil erbaut und hatte zu keiner Zeit irgendeine Schutzfunktion. Ihren Namen verdankt sie dem Umstand, dass der hier verlaufende Abschnitt der früheren Stadtmauer im Mittelalter von der Gilde der Fischer verteidigt wurde und sich der Fischmarkt in der Nähe befand. Gleich daneben steht die Matthiaskirche (Mátyás Templom), Mitte des 13. Jh. im gotischen Stil als Pfarrkirche für die deutsche Bevölkerung errichtet. Hier wurden die letzten ungarischen Könige gekrönt. Der mit farbiger Majolika verkleidete kleinere Turm trägt den Namen König Bélas; der rechte, 80 m hohe Turm, nach König Matthias benannt, ist mit dessen Familienwappen geschmückt.
Szentháromság tér • Burgbus: Szentháromság tér • Eintritt Panoramaterrasse 200 Ft, Matthiaskirche 1500 Ft

Heldenplatz (Hősök tere)
▶ S. 81, östl. c 2

Die 36 m hohe Siegessäule, 1896 zur Tausendjahrfeier der ungarischen Landnahme errichtet, bildet den Mittelpunkt dieses Platzes. Sie wird umringt von den Reiterstatuen Árpáds und sechs anderer madjarischer Stammesfürsten.
Im Halbrund der an den Platz angrenzenden Arkaden findet man die Standbilder von 14 Herrschern und anderen Persönlichkeiten der ungarischen Geschichte, zu deren Füßen als Relief je eine historische Szene zu sehen ist. Vor der Siegessäule erinnert ein Gedenkstein an den »Unbekannten Soldaten«.
Metro: Hősök tere

Kettenbrücke (Lánchíd) ▶ S. 81, b 3

Die Kettenbrücke, beidseits von zwei Löwen bewacht, gilt als eines der Wahrzeichen Budapests. Es war der Traum des großen Staatsmannes der

Budapest 81

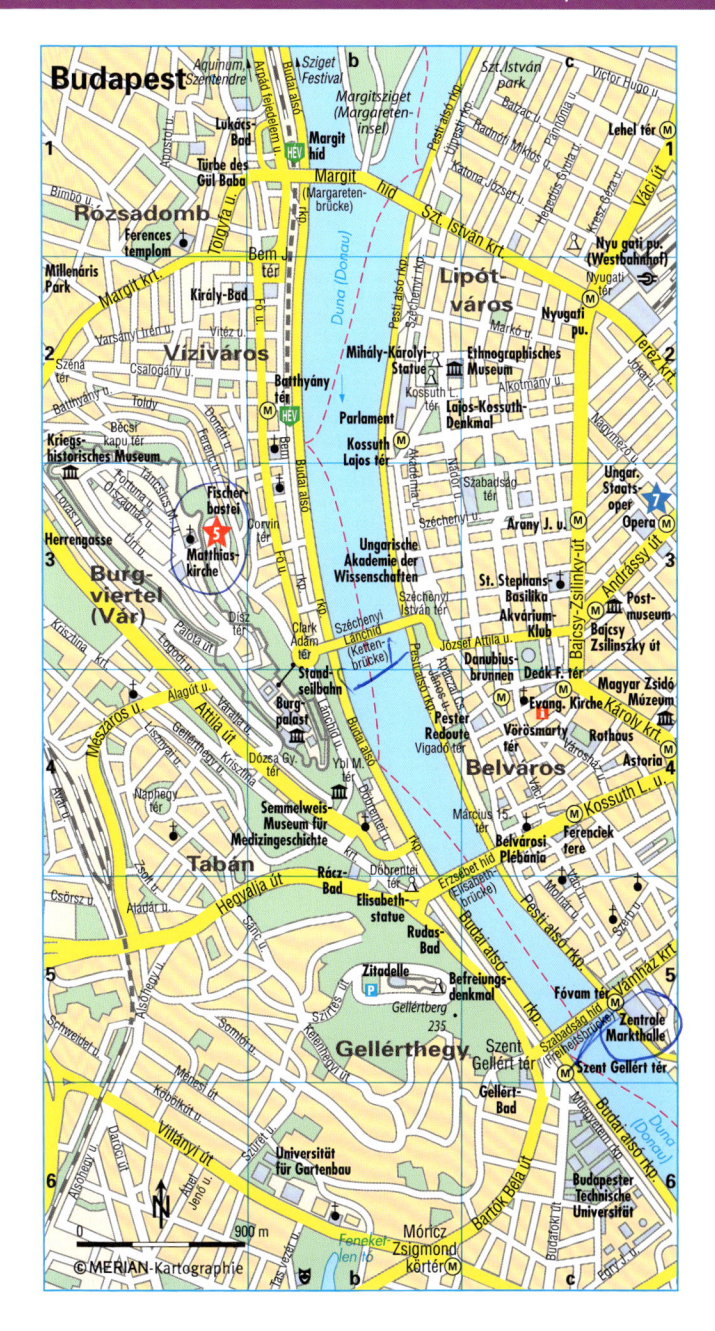

⭐ MERIAN Tipp

**SPAZIERGANG ENTLANG
DER ANDRÁSSY ÚT** ▶ S. 81, c 3

Die nach Gyula Andrássy, dem ersten ungarischen Ministerpräsidenten der Doppelmonarchie, benannte Prachtstraße war jahrzehntelang die imposanteste Allee der Hauptstadt. Sie führt vom Kleinen Ring bis zum Heldenplatz am Stadtwäldchen und bildet eine geschlossene architektonische Einheit mit bedeutenden Kulturstätten, teuren Geschäften und eleganten Cafés.
Dauer: 2–3 Std. (ohne Museumsbesuch)

Reformzeit Graf István Széchenyi (1791–1860), die beiden Städte durch eine feste Brücke zu verbinden. 1849 wurde sie eingeweiht. Gegen Ende des Zweiten Weltkriegs, in der letzten Phase der Kämpfe um Budapest, wurde die Kettenbrücke von den sich nach Buda zurückziehenden deutschen Truppen gesprengt. 1949 übergab man die neue »alte« Kettenbrücke, nun 1 m breiter, zum zweiten Mal ihrer Bestimmung. Die beiden die Donau überspannenden Brückenketten sind dicht mit Lampen bestückt; ihr Licht trägt zum besonderen Reiz des nächtlichen Budapest bei.
Metro: Ferenciek tere

Parlament ▶ S. 81, b 2

Der Komplex ist 268 m lang, 118 m breit, in der Kuppel 96 m hoch, umfasst 691 Räume und hat 27 Tore. Der Stil des von Imre Steindl entworfenen Gebäudes kann als orientalisch angehauchte Neugotik bezeichnet werden; die Innenausstattung lässt überdies u. a. Stilelemente des Barocks und der Renaissance erkennen. Im Südflügel befindet sich der Sitz der Nationalversammlung; außerdem beherbergt das Parlamentsgebäude die Räumlichkeiten des Präsidial- und des Ministerrats samt der Verhandlungs- und Empfangsräume. Das Parlamentsgebäude kann nur in der Gruppe besichtigt werden.
Kossuth Lajos tér 1–3 • Metro: Kossuth tér • Tel. 4 41 48 01 • www.parlament.hu • deutschsprachige Führungen Mo–Sa 10, 13.30 und 14.30 Uhr • Eintritt 2400 Ft

MUSEEN UND GALERIEN
Ungarisches Nationalmuseum (Magyar Nemzeti Múzeum)
▶ S. 81, östl. c 5

Dieses wohl schönste klassizistische Bauwerk Budapests entstand zwischen 1837 und 1847 nach Entwürfen von Mihály Pollack. Im ersten Stock wird die Geschichte des ungarischen Volkes von der Landnahme bis zur Revolution 1849 dokumentiert. Der Flügel im Saal IV gehörte einst Beethoven und ging dann in den Besitz von Franz Liszt über. Im Prunksaal des ersten Stocks sind die ungarischen Krönungsinsignien ausgestellt: Krone, Zepter, Reichsapfel und Krönungsmantel.
Múzeum körút 14–16 • Metro: Kálvin tér • www.mnm.hu • Di–So 10–18 Uhr • Eintritt 1600 Ft, Kinder 800 Ft

ÜBERNACHTEN
Hilton ▶ S. 81, a 3

Im Herzen des Burgviertels • Das schönste moderne Hotel der Stadt. Im Burgviertel direkt neben der Matthiaskirche gelegen; einige Zimmer mit grandioser Aussicht. Es

wurde in die Reste eines Dominikanerklosters integriert.
Hess András tér 1–3 • Burgbus: Szentháromság tér • Tel. 1/ 8 89 66 00 • www.budapest.hilton.com • Burgbus • 323 Zimmer • €€€€

Gellért ▶ S. 81, c 5
Berühmtes Kurhotel • Die prächtige Jugendstilfassade und die gepflegten Zimmer verbreiten schlichte Eleganz. Zum Hotel gehört das wunderschöne Heilbad Gellért. Im Erdgeschoss wartet eine hervorragende Konditorei auf die Gäste.
Szent Gellért tér 1 • Autobus: Gellért tér • Tel. 1/8 89 55 01 • www.danubiushotels.com • 235 Zimmer • €€€

Erzsébet ▶ S. 81, c 4
Zentral und günstig • Ein familiär geführtes Haus mit angenehmer Atmosphäre im Herzen der Innenstadt. Das Kellerrestaurant hat sich durch seine schmackhafte Küche einen guten Namen gemacht.
Károlyi Mihály utca 11–15 • Metro: Ferenciek tere • Tel. 1/8 89 37 00 • www.danubiushotels.com • 123 Zimmer • €€

ESSEN UND TRINKEN
🌿 **Govinda** ▶ S. 81, c 3
Vegetarisch • Mitten im Stadtzentrum von Budapest ist dieses Restaurant mit indischer Note eine beliebte Adresse, um den Einkaufsbummel oder die Besichtigungstour kulinarisch zu unterbrechen.
Vigyázó Ferenc utca 4 • Metro: Deák tér • Tel. 1/2 69 16 25 • www.govinda.hu • Mo–Fr 11.30–20, Sa 12–20 Uhr • €€

🌿 **Hummus Bar** ▶ S. 81, südl. a 6
Wie in Jerusalem • Gefüllte Laffa (Fladen) aus der arabischen Küche und jüdische Speisen werden in die-

Die Fischerbastei (▶ MERIAN TopTen, S. 80) auf dem Burgberg ist ein herrliches Plätzchen, um sich einen ersten Überblick über Budapest zu verschaffen.

sem ausgefallenen Imbiss serviert. Das Lokal ist ebenfalls ein Hingucker, die Wände sind mit Zeitungspapier tapeziert.
Kertész utca 39 • Straßenbahn: Király utca • Tel. 1/3 21 74 77 • www.humusbar.hu • tgl. 12–24 Uhr • €

CAFÉS

Gerbeaud ▸ S. 81, c 4

Berühmte Konditorei • Im Herzen der Innenstadt trinkt »man« seinen obligatorischen Kaffee und verzehrt ein Stückchen Kuchen dazu oder Torte. Die Leckerbissen des seit 1888 bestehenden Etablissements sind wegen ihrer vorzüglichen Qualität und ihrer Vielfalt ein feststehender Begriff in der Stadt. Die elegant eingerichteten Salons weisen einen Stilmix zwischen Rokoko und Jugendstil auf und sind seit eh und je ein äußerst beliebter Treffpunkt der Budapester »Klatschbörse«.
Vörösmarty tér 7 • Metro: Vörösmarty tér • www.gerbeaud.hu • tgl. 9–21 Uhr

Ruszwurm Cukrázszda ▸ S. 81, b 4

Nostalgisch • Diese Konditorei existiert immer noch in ihrer Einrichtung aus dem Jahr 1824. Traditionell nach dem Sonntagsgottesdienst stärken sich hier Alt und Jung mit der »Krémes«, einer Cremeschnitte.
Szentháromság tér 7 • Autobus, Burgbus: Szentháromság tér • www.ruszwurm.hu • tgl. 10–19.30 Uhr

BÄDERKULTUR

Nach all den köstlichen Genüssen während der Donaukreuzfahrt wird es in Budapest Zeit, dem Körper eine entspannende Pause zu gönnen. Seit Jahrhunderten wird hier die Badehauskultur gepflegt. Erst die Römer und dann die Türken lehrten die Ungarn die Nutzung der heilenden Kraft des Wassers: mineralstoffreiches Wasser, zur inneren und äußeren Anwendung in architektonisch beeindruckender Kulisse.

Gellért fürdő ▸ S. 81, c 5

Wechselvoll ist die bauliche Geschichte. Seit 1000 Jahren wird die Quelle am Gellért-Berg zu therapeutischen Zwecken genutzt. Heute sind auch Anwendungen möglich, die aus der Zeit Kleopatras stammen: mit Milch und Honig. Ein einfaches Badehaus aus dem 13. Jh., das im 16. Jh. von den Türken ausgebaut wurde. Seinen heutigen verschwenderischen Jugendstilcharakter erhielt das Gellért-Bad 1918, als es zusammen mit dem mondänen Gellért Hotel am Donauufer errichtet wurde. Zum Angebot zählen: Elektrotherapie, Heilgymnastik, Inhalation, Unterwassermassagen, Solarium, Wannenbad ebenso wie Anwendungen in der Kohlensäure-Nebelkammer, Behandlungen mit Schokolade, Aroma-Relax-Bad und Fußpflege.
Gellért tér 1 • Autobus/Straßenbahn: Gellért tér • Mo–So 6–20 Uhr • Eintritt 5900 Ft

Rudas fürdő ▸ S. 81, b 5

Das älteste Badehaus der Stadt (1556), an der Elisabethbrücke gelegen, wurde im Lauf der Zeit immer wieder erweitert und modernisiert. Im Kern aber ist es wie zur Zeit der türkischen Besatzung im Stil eines Hamam erhalten.
Tabán, Döbrentei tér 9 • Autobus/Straßenbahn: Döbrentei tér • www.heilbaderbudapest.com
– Thermalbad: Mo, Mi–Fr 6–22 für Männer, Di 6–22 Uhr für Frauen,

Fr, Sa 22–4, Sa, So 6–20 Uhr Männer und Frauen • Eintritt 4400 Ft – Schwimmbad: Mo–Mi 6–18, Do–So 6–20 Uhr • Eintritt 3000 Ft

Széchenyi fürdő ▶ S. 81, nördöstl. a 1
Bei Einheimischen ist vor allem das Széchenyi-Bad beliebt. Im Stadtwäldchen gelegen, ist dieses 1913 erbaute Bad ein Treffpunkt der gepflegten Entspannung. Männer und Frauen baden hier getrennt und können sich u. a. in der heißesten Thermalquelle Budapests verwöhnen lassen. Im Winter ist es auch Anziehungspunkt für Schachspieler. Mittels schwimmender Spielbretter werden so gleich zwei Hobbys gepflegt.
Állatkerti körút 11 • Metro: Széchenyi fürd • www.heilbaderbudapest.com • Thermalbad (Damen und Herren getrennt) tgl. 6–22 Uhr • Eintritt 6000 Ft

EINKAUFEN
Deák Fernec utca ▶ S. 81, c 4
Eine Straße, an der die Luxusmarken beheimatet sind, was ihr den Beinamen Fashion Street einbrachte. Geeignet zum Flanieren und Shoppen.
Metro: Deák Fernec tér

Vass Cipőbobolt ▶ S. 81, östl. c 4
Hier gibt es die berühmten, in Handarbeit und auf Wunsch nach Maß hergestellten Budapester Herrenschuhe von László Vass. Der namhafte Schuhdesigner ist übrigens auch ein bekannter Kunstsammler.
Haris köz 2 • Metro: Ferenciek tere • www.vass-shoes.com

AM ABEND
Operettenhaus (Fővárosi Operettszínház) ▶ S. 81, östl. c 3
Emmerich Kálmán und »Die Csárdásfürstin« oder »Gräfin Mariza« und Franz Lehár mit »Die lustige Witwe« oder »Das Land des Lächelns« gehören zum Standardrepertoire des Operettenhauses. Die beliebten Melodien bleiben als Ohrwürmer haften und werden gern auf dem Weg zurück zum Schiff gepfiffen. Neben den Klassikern der Operette stehen auch moderne Stücke ihres amerikanischen Verwandten, des Musicals, auf dem Programm. Vorstellungsbeginn ist in der Regel um 19 Uhr.
Nagymező utca 17 • Metro: Opera • www.operettszinhaz.hu

Ungarische Staatsoper (Magyar Állami Operaház) ▶ S. 81, c 3
In Budapest werden Opern noch so aufgeführt, wie es sich viele wünschen: opulent und in großer Kulisse. Festliche Atmosphäre und hohe musikalische Qualität geben einem Abend in dem 1875 bis 1884 nach Entwürfen von Miklós Ybl erbauten Staatsopernpalast einen würdigen Rahmen.
Andrássy út 22 • Metro: Opera • www.opera.hu

⭐ MERIAN Tipp

ZENTRALE MARKTHALLE (KÓZPONTI VÁSÁRCSAMOK)
▶ S. 81, c 5

Die Ende des 19. Jh. erbaute und wunderschön renovierte zentrale Markthalle verbindet Elemente der Neugotik und der Moderne. Angeboten werden ungarische Spezialitäten und die beliebten gestickten Decken – ein schönes Mitbringsel. Unbedingt auch ins Obergeschoss gehen.
Vámház körút 1–3 • Metro: Kálvin tér

Ungarische Tiefebene

Berühmteste und bekannteste ungarische Landschaft ist die Puszta mit ihren großen Viehherden und spannenden Reitvorführungen für die Besucher.

◂ »Ungarische Post« heißt diese weltbekannte Formation der Pustza-Reiter.

Für viele Ungarnbesucher ist die Puszta Sinnbild ungarischen Lebensgefühls. Daher bieten Veranstalter von Flusskreuzfahrten auch Ausflüge in die unberührte Landschaft des Hinterlandes von Budapest mit ihrer weiten Grasfläche und den großen Viehherden an – Halbblutpferde, Graurinder, Wollschweine und Hunderte Vogelarten gibt es zu bestaunen. Vergnügliche und informative Ausflüge mit folkloristischen Elementen informieren über das Leben in einer Region, die übersetzt »nichts« oder »Ödnis« bedeutet. Was kann man also sehen und erleben, wenn eigentlich »nichts« und das auch noch in der Ödnis geboten wird? »Vieles«, wird der Einheimische dem Gast versichern. Allein die unermessliche Weite, die bis zum Horizont und darüber hinaus reicht, beeindruckt, und wenn die Sonne im Sommer vom wolkenlosen Himmel herunterbrennt, meint man manchmal sogar, im flimmernden Licht eine Fata Morgana (délibab) auftauchen zu sehen.

Die Ungarische Tiefebene erstreckt sich zwischen der Donau und der östlichen Landesgrenze. Schon vor 6000 Jahren hatten sich Bauern von der Balkanhalbinsel hier angesiedelt, daher zählt sie zu den ältesten Kulturlandschaften Europas. Doch erst der Mongolensturm im 13. Jh. und die 150-jährige Türkenherrschaft verursachten die Versteppung der Böden, wodurch eine trockene, begraste Ebene mit einer Fläche von 63 600 ha entstand. Durch ein Bewässerungssystem konnten die Magyaren (wie sich die Ungarn selbst bezeichnen) dem trockenen, sandigen Boden Land für Getreidefelder und, dank der warmen Sommertemperaturen, auch für Obst-, Wein- und Gemüseanbau abringen. Nur die Naturschutzgebiete Hortobágy bei Debrecen, Szeged und Bugac sind noch in ihrem ursprünglichen Charakter einer menschenleeren Graslandschaft erhalten. Bei einem Ausflug zu einem Gutshof in der Puszta wird der Besucher bereits am Eingang von einem Pferdehirten in traditioneller Kleidung begrüßt. Nach einem Aprikosenschnaps geht es weiter zu einer **Reitervorführung**. Mutige und geschickte Csikós zeigen, wie sicher sie mit ihren Pferden umgehen können. Die Magyaren stammen

Ungarisches Steppenrind
Die hellgrauen bis weißen Tiere mit den markanten Hörnern werden als Zugtiere und Milch- und Fleischlieferanten eingesetzt. Sie sind sehr robust und brauchen keine Stallungen.

Csárdásfürstin
Die Operette um die schöne Sängerin Sylva Varescu, die den Fürsten Edwin liebt, aus Standesgründen aber erst nach allerlei Verwicklungen ehelichen darf, ist mit ihren Walzermelodien weltberühmt geworden.

Der oder die

Paprika stammt aus Südamerika und wurde erst durch Kolumbus nach Europa gebracht. Kolumbus irrte, als er im Paprika eine zum Pfeffer verwandte Pflanze gefunden zu haben glaubte, und bezeichnete sie als pimienta. Im Englischen spricht man auch heute noch von »pepper«. Erst im 17. Jh. kamen die ersten Pflanzen nach Ungarn, und die Magyaren verliehen ihr den ungarischen Namen Paprika.

von einem nomadisierenden asiatischen Reitervolk ab, dessen harter Alltag immer wieder von reiterlichen Wettkämpfen bestimmt war. Angesehenster und ranghöchster Hirte war der Csikós, der Pferdehirt, ihm folgt der Gulyás, der Rinderhirt – von dem sich der Name des Fleischgerichts Gulasch (»gulyas«), die »Suppe des Rinderhirten«, ableitet. Nach der Vorführung wird eine Kutschenfahrt über das Gelände des Guts unternommen, in dem noch die typischen Pusztatiere gehalten werden. Graurinder oder Zackelschafe mit ihren riesigen Hörnern sind europaweit nur noch hier anzutreffen. Bei einem Imbiss in der Csarda werden Spezialitäten der einheimischen Küche serviert, begleitet von temperamentvoller Zigeunermusik, ungarischem Wein und Obstbrand. Spätestens bei diesem Essen mit Pfeffersalami, Paprikawurst und einer Gulaschsuppe wird klar: Das unentbehrliche Gewürz aller ungarischen Speisen ist der Paprika. Er gedeiht vor allem im Umland von Szegd und Kalocsa, der »Paprikahauptstadt«, und ist Ungarns wichtigster Exportartikel. Auch wenn in Ungarn Paprika als nationales Gewürz verwendet wird: Er kommt ursprünglich aus Südamerika und kam über Mittelamerika nach Europa. Mexiko gilt als seine Heimat, und erst Kolumbus brachte die Frucht nach Europa.

Traditionelles Ungarn – Kalocsa

In **Kalocsa** (20 000 Einwohner) herrscht Ungarnromantik wie aus dem Bilderbuch: an Dachrinnen zum Trocknen aufgehängte und zu Kränzen gebundene Paprikaschoten, handgemalte, bunte Blumenmuster an den Hauswänden. Dazu Frauen, die hauchdünne weiße Spitzenarbeiten und Stickereien mit bunten Blumenmustern in Handarbeit herstellen und dabei wunderschöne Volkstrachten tragen. Wer denkt da nicht gleich an Piroschka?

Kinogeschichte

Der Film »Ich denke oft an Piroschka« von 1955 brachte den Deutschen Ungarn als Land näher und Lilo Pulver als Jungstar ins Kino.

Die schönsten Stickereien und Volkstrachten beherbergt das 200 Jahre alte **Landschaftshaus der Volkskunst** (Népművészeti Tájház, Tompa Mihály út 7). Die Geschichte des ungarischen Paprikaanbaus kann man im **Gewürzpaprika-Museum** (Magyar Fűszerpaprika Múzeum, Szentháromság tert 2–3) studieren. Die **erzbischöfliche Basilika** (1754) am Dreifaltigkeitsplatz (Szentháromság tér) besitzt zwei Türme und ist ein im italienischen Barockstil errichtetes, imposantes Bauwerk. Neben der auffallend filigranen Innenausstattung ist auch die Orgel sehens- und hörenswert. Sie wurde gern von Ungarns großem Komponisten Franz Liszt gespielt. In der Krypta befindet sich die Schatzkammer der Basilika (Főszékesegyházi Kincstár): Eines der 110 Kunstwerke ist die Kopfreliquie des hl. Stephan, des Landesgründers und ersten Königs von Ungarn und des Gründers des Erzbistums Kalocsa im Jahr 1009. Die Bibliothek des neben der Basilika liegenden Erzbischofspalastes (Erseki palota, 1776) im italienischen Barockstil ist mit ihren Deckenmalereien, Fresken und den mehr als 150 000 Buchbänden unbedingt einen Besuch wert. Unter den vielen Kodizes und Wiegendrucken – viele von ihnen von unschätzbarem Wert – ist die von Martin Luther signierte Bibel von 1519 eines der kostbarsten Stücke.

Das **Viski-Károly-Múzeum** (Szent István király út 25), nach dem Ethnografen Károly Visik benannt, bietet Ausstellungsmaterial zu Volkskunst und Ortsgeschichte sowie Mineralien, Münzen und Edelsteine.

In Pécs lockt der Wein

Vom Hafenort Mohacs lohnt ein gemütlicher Ausflug nach Pécs (Fünfkirchen), wie er von den meisten Kreuzfahrern unternommen wird. In der Wein- und Porzellanmetropole Pécs gedeihen aufgrund des milden Klimas sogar Mandeln, Feigen und Trauben. Die Vorzüge dieser milden Temperatur wussten schon die Römer zu schätzen, als sie um den Ort herum Weinberge anlegten. Daher rührt auch der Name, den sich die Bürger von Pécs selbst gaben: »tüke«; er bedeutet Weinstock.

An die bewegte Stadtgeschichte erinnern Stadtmauer, romanische Kathedrale und die Ruinen türkischer Bäder. Ein Spaziergang vom Hauptplatz zu der weißen Djami, der größten Moschee Mitteleuropas, führt vorbei am Dom, der eine wunderschöne Kassettendecke besitzt. Auf der Király-Straße befinden sich Cafés und Restaurants für eine kleine Erfrischung.

Zsolnay in Pécs
Die traditionsreiche Porzellanmanufaktur hat hier ihren Hauptsitz, überall in der Stadt ist der Name präsent. Besuchermagnet in der Altstadt ist der Porzellanbrunnen. Die irisierende Eosin-Glasur ist eine besondere Spezialität der Manufaktur, Döschen oder Tierfigurinen geben tolle Urlaubssouvenirs ab.

Das kämpferische Novi Sad

Aufbruchstimmung, Lebenslust und ein junges Ambiente prägen diese quirlige Universitätsstadt an der Donau, mit 300 000 Einwohnern in Stadt und Kreis die zweitgrößte Agglomeration **Serbiens**.

Serben, Deutsche, Österreicher, Ungarn, Slowaken, Juden, Griechen und Armenier führten die multi-

Neue Saat

Der Name der Stadt geht auf die lateinische Bezeichnung Neoplanta (neuer Weingarten) zurück, auf Serbisch Novi Sad und auf Deutsch »Neue Saatstelle«. Der Name entstammt einem lokalen Brauchtum – früher konnte kein junger Mann heiraten, ehe er nicht einen Weingarten angelegt hatte.

kulturelle Siedlung nach ihrer Gründung im 18. Jh. schnell zur Blüte. Nach Zahlung von 95 000 Forint verlieh Österreich, zu dessen Herrschaftsbereich die Provinz gehörte, bereits 1748 dem Ort den Status einer Freien Königlichen Stadt und gab ihr mit Neoplanta den heutigen Namen.

Eine fast schon südländische Leichtigkeit spürt man in Novi Sad vor allem im Sommer. Die Durchschnittstemperatur im Juli liegt bei 26,6 Grad, und so suchen Einheimische und Touristen Erfrischung am »Strand« des Donauufers. An diesen heißen Sommertagen zieht es viele der fast 50 000 Studenten zum Lernen hierher. Es ist schön zu beobachten, dass trotz der vielen Schicksalsschläge der Vergangenheit – Ungarneinzug 1849, Judenverfolgung durch ungarische Besatzer 1942 und nicht zuletzt die NATO-Bombenangriffe im Kosovo-Krieg 1999 (die Schäden sind auch heute noch nicht alle behoben) – die Bevölkerung ihre Lebenslust immer wiedergewonnen hat. So herrscht hier ein aufgeschlossenes Klima, und in zahlreichen Kneipen und Cafés, die Speisen und Getränke zu moderaten Preisen anbieten, wird ein angenehmer Müßiggang gepflegt.

Das Wahrzeichen: Peterwardein

Ein absolutes »Muss« der Stadtbesichtigung ist das Wahrzeichen Novi Sads, die alte k.u.k.-Festung **Peterwardein (Petrovaradin)** ⭐, die auf einem Hügel oberhalb der Stadt thront. Seit dem Sommer 2005 verbindet eine Schrägseilbrücke über die Donau die Festung mit dem Stadtkern, der sich einst im Schatten der mächtigen Bastion bildete. Zwischen 1692 und 1780 errichtete der französische Architekt Sébastien le Prestre de Vauban hier das wichtigste militärische Bollwerk des Balkans für das österreichische Reich. Die Festung ging in die Geschichte ein, als Prinz Eugen von Savoyen am 5. August 1716 mit 80 000 Mann in der Schlacht von Peterwardein ein 150 000 Soldaten starkes osmanisches Heer schlug. Heute ist das »Gibraltar an der Donau« mit seinen 12 000 Schießscharten und den insgesamt 16 km langen unterirdischen Gängen ein kulturelles Zentrum der Hauptstadt und der autonomen Provinz Vojvodina. Es beherbergt 88 Künstlerateliers und das Museum der Stadt mit Exponaten, die das Leben in Novi Sad ab der ersten Hälfte des 18. Jh. dokumentieren. Das Symbol der Festung ist

Der Hauptplatz in Novi Sad (▶ S. 89) ist der Trg slobode, der Freiheitsplatz in der Altstadt. Im 18. Jh. wurde er gebaut, die umgebenden Häuser sind jüngeren Datums.

der Aussichtsturm. Dessen Uhr hat (absichtlich) vertauschte Zeigerfunktionen: Der große Zeiger zeigt die Stunden, der kleine die Minuten an. So konnten die Donauschiffer auch aus der Ferne erkennen, welche Stunde geschlagen hat.

Spaziergang durch Novi Sad

Idealer Ausgangspunkt für eine Stadtbesichtigung ist der Trg slobode, der Freiheitsplatz. Er ist das Herz der Stadt, auf dem seit 1894 auch das Rathaus im Neurenaissancestil mit seiner mit allegorischen Figuren und dem Stadtwappen geschmückten Fassade steht. Einen Besuch wert ist die neugotische **Marienkirche** Ime majino (Name Maria) in der Katolička porte 3. Der besondere Schatz der Kirche sind die farbigen Fenster, hergestellt in böhmischen und ungarischen Glaswerkstätten, Holzschnitte von Meistern aus Tirol sowie Zsolnay-Keramik als Dachdeckung.

Weiter auf der Dunavaska Richtung Festung Peterwardein befindet sich das 1947 gegründete Museum der **Vojvodina** (»muzej vojvodine«). Hier werden die Geschichte und das kulturelle Erbe der gut 20 000 km² umfassenden Vojvodina-Tiefebene lebendig.
Dauer: ca. 1 Std. (ohne Besichtigungen)

Vojvodina
Die heutige serbische Provinz gehörte bis zum Ende des Ersten Weltkriegs zu Österreich-Ungarn. Ihr buntes Völkergemisch aus Serben, Ungarn, Kroaten, Slowaken, Sinti und Roma sowie einigen Rumänen ist fast sprichwörtlich.

Belgrad

Herzlich und mit offenen Armen empfängt die serbische Metropole ihre Gäste. Der Belgrader stößt auf die Begegnung mit Besuchern mit einem Gläschen »šljivovica« an.

Belgrad

H 6

1,34 Mio. Einwohner
Stadtplan ▶ S. 95

Der Neuaufbruch Belgrads begann im Herbst 2000. Nach dem Bürgerkrieg, einer tiefen sozialen und wirtschaftlichen Krise und der autoritären Herrschaft des serbischen Präsidenten Milošević demonstrieren am 5. Oktober 2000 Hunderttausende auf den Plätzen und Straßen der Stadt. Mit Erfolg – die Wahlsiege der demokratischen Parteien wurden anerkannt. Belgrad mausert sich seitdem zu einer weltoffenen, modernen und wie viele osteuropäische Städte vergleichsweise günstigen Destination für Besucher aus aller Welt. Die Stadt bietet ein großes Kulturangebot von Film-, Theater- und Musikfestivals.

Kaum eine Stadt kann sich aufgrund ihrer wechselvollen Geschichte so vieler Namen in unterschiedlichen Sprachen rühmen wie der Regierungssitz von Serbien. Vom keltischen und römischen Singidunum über das byzantinische Singidon hieß sie bis ins 19. Jh. auch noch Alba Graeca, Alba Bulgarica, Bello grado, Nandor Alba, Griechisch Weissenburg oder Castelbianco.

Als Beograd, die »weiße Stadt«, tauchte die serbische Metropole im Jahr 878 in einem Brief des Papstes

◄ Die Belgrader Anlegestelle für Kreuzfahrtschiffe liegt am rechten Donauufer.

Johannes VIII. an den bulgarischen Fürsten Boris auf.
Zahllose Schlachten, aber auch Völkerwanderungen und vor allem die Welt- und Balkankriege des 20. Jh. haben Belgrad geprägt – die Narben der Vergangenheit sind noch heute vielerorts im Stadtbild zu erkennen: So zeugen die jungen Ruinen in der Innenstadt von den NATO-Luftangriffen des Jahres 1999.
Eines der ersten Worte, das Besucher in Belgrad hören werden, lautet »Dobrodosli« und bedeutet »Willkommen«. Mag diese Begrüßung in anderen Ländern oftmals zur Floskel verkommen sein, den Serben spricht sie aus dem Herzen. Die Belgrader freuen sich und sind stolz darauf, wenn Gäste ihre Heimat und ihre Stadt besuchen. Seien Sie also nicht überrascht, wenn man Ihnen offen entgegentritt und Sie vielleicht sogar zu einem Pflaumenschnaps, dem »Šljivovica«, einlädt.
Ob der Architekt Le Corbusier, der Anfang des letzten Jahrhunderts die Stadt bereiste, heute immer noch sagen würde, Belgrad sei die »hässlichste Stadt der Welt am schönsten Ort der Welt«, ist zweifelhaft. Vieles wurde trotz anhaltend schwerer wirtschaftlicher Not wieder hergerichtet. Es werden Anstrengungen unternommen, die Wunden des Krieges zu heilen. So zeigt sich die Stadt heute dem Besucher an vielen Stellen bereits von ihrer schönen Seite. Und sind es nicht die Gebäude, so sind es vor allem die jungen Bewohner, die mit Lässigkeit und cooler Eleganz das Stadtbild prägen. Am Abend wird dann zum Besuch der zahlreichen Clubs noch etwas mehr aufgetragen. Trotz der immer noch sehr hohen Jugendarbeitslosigkeit lässt man sich nicht vom ausgelassenen Feiern abhalten. Viel lebendiger als andernorts geht es da dann auch schon unter der Woche bis spät in die Nacht rund.

SEHENSWERTES

Die meisten Sehenswürdigkeiten befinden sich in einem Umkreis von 2 km um die Festung herum und sind vom Schiff aus problemlos zu Fuß zu erreichen.

Königsschloss (Kraljevski dvor)
▶ S. 95, südl. a 1

Das »kleine serbische Versailles«, im serbisch-byzantinischen Stil aus weißem Marmor errichtet, im vornehmen Diplomaten- und Villenviertel Dedinje erstreckt sich auf 135 ha und wurde zwischen 1924 und 1929 für die Dynastie Karadjordevič errichtet. Die gepflegte Park- und Gartenanlage diente bis 1941 als Königsresidenz, während des Zweiten Weltkriegs wurde sie von der Wehrmacht genutzt. Von 1944 bis zu seinem Tod wohnte hier der kommunistische Marschall und Präsident Josip Broz Tito, Ende des 20. Jh. dann der serbische Präsident Slobodan Milošević.
Seit 2000 wohnt der Enkel des jugoslawischen Königs Aleksandar I Karadjordjevič mit seiner Familie im Schloss. Absolut besuchenswert sind die Kellerräume, geschmückt im russischen Stil mit Fresken und Schnitzereien. Daneben liegt der Kinosaal, in dem Tito zusammen mit seinen Gästen die in seinem Staat verpönten Western oder andere verbotene westliche Filme anschaute.

Straßenbahn: Valisava Vulovica • April-Okt. Sa, So 11–14 Uhr • Ticket auf Anfrage: Tel. 0 11/3 34 34 60 • www.royalfamily.org

Parlament (Narodna skupstina), Altes Schloss (Stari dvor), Neues Schloss (Novi dvor)

▶ S. 95, östl. c 5

Der einstige königliche Schlosskomplex im Herzen der Stadt umfasst heute die Gebäude des Volksparlaments, des Alten Schlosses, heute Stadtparlament (Skupstina grada), und des Neuen Schlosses, Sitz des Präsidenten von Serbien (Predsenitčvo Srbije, 1936, im Stil der Neorenaissance und des Neobarocks). Am 5. Oktober 2000 stürmten Demonstranten das Gebäude wegen des Wahlbetrugs durch Milošević und setzten Teile in Brand.

Straßenbahn/O-Bus: Zeleni venac

⭐ St. Sava Kirche

▶ S. 95, südöstl. c 6

Die Gedenkkirche des hl. Sava ist ein neueres Symbol der Stadt. Dieser größte Sakralbau Serbiens gehört zu den zehn größten christlichen Kirchen weltweit und ist die drittgrößte orthodoxe Kirche auf dem Balkan.

An der Stelle, wo sich heute die Kathedrale befindet, sollen die Türken der Überlieferung nach am 27. April 1594 die Gebeine des wichtigsten serbischen Heiligen Sava, des ersten Bischofs der serbischen Kirche, als Mahnung und Warnung an das serbische Volk verbrannt haben.

Die Kirchenanlage im serbisch-byzantinischen Stil, deren Bau 1935 begonnen wurde, stammt von Aleksandar Deroko und Bogdan Nestorović. Der Krieg und die darauf folgende kommunistische Herrschaft unterbrachen die Arbeiten, die erst 1985 wieder aufgenommen wurden. 1989 waren die Bauarbeiten mit der Errichtung der 400 t schweren Kuppel und eines 12 m hohen und 3 t schweren vergoldeten Kreuzes an der Spitze beendet. Der Dom ist ohne Kreuz 68 m hoch. Im Innern gibt es Raum für 12 000 Menschen, der Chor bietet Platz für 800 Sänger. Die vier Glockentürme sind mit Treppen und Aufzügen ausgestattet, in den zwei westlichen Türmen befinden sich 40 Glocken.

Ein 1979 errichtetes Denkmal zu Ehren des serbischen Volkshelden Djordje Petrović (Schwarzer Georg), genannt »Karadjordje«, erinnert an den Anführer der ersten erfolgreichen Volksrevolte gegen die Türken im Jahr 1804.

Karadjordjev park bb • Straßenbahn/O-Bus: Karadjordjev park • tagsüber geöffnet

Tvrdjava-Kalemegdan-Festung

▶ S. 95, a/b 2

Die Hauptsehenswürdigkeit der Stadt ist die Festung Tvrdjava auf dem Hügel oberhalb der Mündung der Save in die Donau. Nicht nur ihre einzigartige Lage ist beeindruckend, die Festung ist auch wegen ihrer Historie berühmt, die für ganz Serbien bedeutsam war. Die Festung hat eine lange und wechselhafte Geschichte: Militärlager der Römer, Zerstörung durch Goten und Hunnen, durch Awaren und Slawen. Mittelpunkt des serbischen Staats durch den Despoten Stefan, im Ersten Weltkrieg stark beschädigt, 1927 umgebaut. Doch nicht nur die Burg ist interessant. Es lohnt sich, für einen Spaziergang im Kalemegdan-Park einen Picknickkorb zu packen.

Belgrad 95

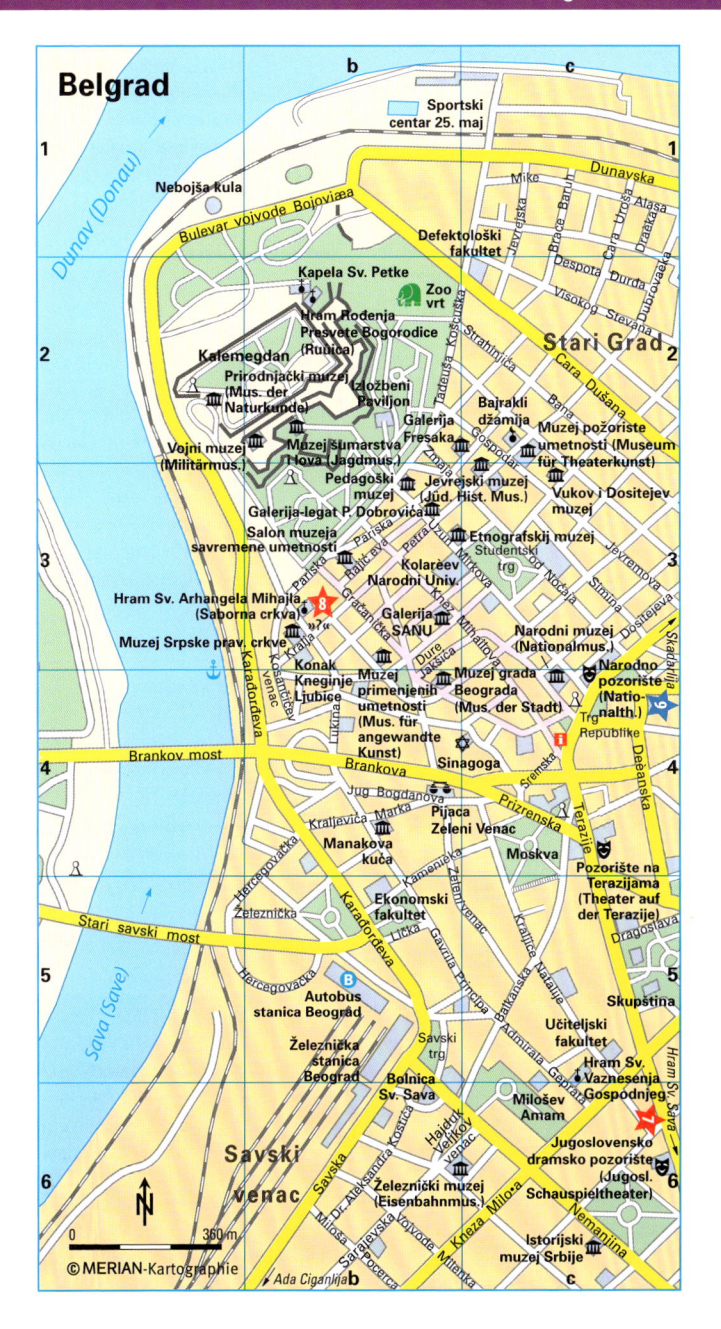

Belgrad

- Sportski centar 25. maj
- Nebojša kula
- Bulevar vojvode Bojoviaa
- Dunav (Donau)
- Dunavska
- Defektološki fakultet
- Kapela Sv. Petke
- Zoo vrt
- Hram Rođenja Presvete Bogorodice (Ruõicá)
- Stari Grad
- Kalemegdan
- Prirodnjački muzej (Mus. der Naturkunde)
- Izložbeni paviljon
- Galerija Fresaka
- Bajrakli džamija
- Muzej pozorište umetnosti (Museum für Theaterkunst)
- Vojni muzej (Militärmus.)
- Muzej šumarstva i lova (Jagdmus.)
- Pedagoški muzej
- Jevrejski muzej (Jüd. Hist. Mus.)
- Vukov i Dositejev muzej
- Galerija-legat P. Dobrovića
- Etnografski muzej
- Salon muzeja savremene umetnosti
- Studentski trg
- Kolarčev Narodni Univ.
- Hram Sv. Arhangela Mihajla (Saborna crkva)
- Galerija SANU
- Narodni muzej (Nationalmus.)
- Muzej Srpske prav. crkve
- Konak Kneginje Ljubice
- Muzej primenjenih umetnosti (Mus. für angewandte Kunst)
- Muzej grada Beograda (Mus. der Stadt)
- Narodno pozorište (Nationalth.)
- Trg Republike
- Brankov most
- Brankova
- Sinagoga
- Jug Bogdanova
- Pijaca Zeleni Venac
- Kraljevića Marka
- Manakova kuća
- Moskva
- Pozorište na Terazijama (Theater auf der Terazije)
- Ekonomski fakultet
- Stari savski most
- Železnička
- Sava (Save)
- Autobus stanica Beograd
- Železnička stanica Beograd
- Savski trg
- Skupština
- Učiteljski fakultet
- Bolnica Sv. Sava
- Hram Sv. Vaznesenja Gospodnjeg
- Miloševo Amam
- Jugoslovensko dramsko pozorište (Jugosl. Schauspieltheater)
- Savski venac
- Železnički muzej (Eisenbahnmus.)
- Istorijski muzej Srbije
- Ada Ciganlija

0 360 m

© MERIAN-Kartographie

⑨ MERIAN Tipp

KÜNSTLERVIERTEL SKADARLIJA
▶ S. 95, östl. c 3

Vergleichbar mit dem Montmartre in Paris entstand hinter dem Nationaltheater und Nationalmuseum ein lebendiges Kneipenviertel für Künstler und Jungintellektuelle. Aus den Restaurants ertönen die Klänge zahlreicher Bands, und überall riecht es nach Gegrilltem (»rostilj«). Klangvoll sind die Namen der bekannten Lokalitäten: Dva jelena (Zwei Hirsche), Ima dana … (Es gibt Tage …), Dva bela goluba (Zwei weiße Tauben) oder Sesir moj (Mein Hut). Kühles frisches Bier gibt's in dem speziell bei jungen Leuten beliebten Biergarten Aleksander, während im ältesten und berühmtesten Gasthaus, dem Tri Sesira (Drei Hüte), Gourmets und Nachtschwärmern serbische Spezialitäten, unterlegt mit Livemusik, serviert werden.
Straßenbahn: Skadarska ulica (zum unterm Ende der Gasse), Bus: Skadarska ulica (zum oberen Ende)

Der Blick – vor allem bei Sonnenuntergang – von hier auf die Save-Mündung, auf Novi Beograd, Zemen und die Ebenen dahinter ist absolut einzigartig. Wegen der besonders schönen Aussicht nannten schon die Türken diesen Ort einst den »Hügel zum Nachdenken«.
Straßenbahn/O-Bus: Kalemegdan (Endstation)

ESSEN UND TRINKEN

In der Innenstadt gibt es fünf Viertel, in denen zahlreiche Cafés, Bars, Restaurants und Szenelokale zu finden sind: Strahinjica Bana ulica (Silicon Valley), die Seitengassen um die Knez Mihailova (Fußgängerzone), Obilicev venac, Njegoseva ulica und Skadarlija. Die unzähligen Hausboote sind eine Besonderheit, die man sich nicht entgehen lassen sollte.

Kod Radeta (Bei Rade)
▶ S. 95, östl. c 6

Im Biedermeierstil • Der bekannte Gastronom Rade (er spricht auch Deutsch) gibt dem Lokal seine persönliche Note und bietet Spezialitäten aus der nordserbischen Provinz Vojvodina in einem Ambiente an, das einer gutbürgerlichen Wohnstube des 19. Jh. entspricht. Reservierung wird empfohlen.
Baja Sekulica 29a • östl. der Tehnički fakultet • Anfahrt mit dem Taxi • Tel. 0 11/3 80 67 15 • tgl. 12–2 Uhr • €€€€

⑧ »?« (Znak pitanja – Fragezeichen)
▶ S. 95, b 3

Exquisite Grillspeisen • Ein Namensstreit mit der orthodoxen Kirche ließ im ältesten Gasthaus Belgrads (1823) den Wirt die Tafel mit dem Fragezeichen aufstellen.
Kraljs Petra 6 • Straßenbahn/O-Bus: Richtung Kalemegdan und zur Saborna crkva gehen • Tel. 0 11/63 54 21 • tgl. 7–23 Uhr • €€€

CAFÉS
Boutique Café und Restaurant
▶ S. 95, c 4

Trendiger Treffpunkt • Neben dem Reiterdenkmal des Fürsten Mihailo. Mit Blick auf Nationaltheater und -museum. Gute Cocktails. Top Lage und netter Service.
Trg Republike 3 • Straßenbahn/Bus: Trg Republike • Tel. 0 11/2 62 13 73 • tgl. 8–24 Uhr

Belgrad

Café Greenet ▶ S. 95, c 4
Kaffeeparadies • Zahlreiche Kaffeesorten aus der ganzen Welt, auf verschiedenste Arten zubereitet.
Nusiceva 4 • Straßenbahn/Bus: Podatak nije dostupan • Tel. 0 11/2 32 84 74 • tgl. 8–23 Uhr

Caffe ZuZuS ▶ S. 95, b 4
Café und mehr • Ideal nach dem Besuch des Nationalmuseums, für eine Unterbechung vom Shoppen oder einem Cocktail am Abend.
Obilićev venac 21 • O-Bus/Bus: Studentski Trg • Tel. 0 11/2 63 59 06 • Mo–Sa 9–1, So 9–24 Uhr

EINKAUFEN
City Passage ▶ S. 95, c 4
Einkaufszentrum mit Designermode, Kosmetik und Elektronik.
Obilicev venac 18–20 • Fußgängerzone • Straßenbahn/Bus: Trg Republike • Mo–Fr 9–20, Sa 10–16 Uhr

Galerija Singidunum ▶ S. 95, c 3
Die Galerie zeigt die Werke moderner serbischer Künstler: Gemälde, Grafiken, Plastiken und Schmuck.
Knez Mihailova 42 • Straßenbahn/Bus: Studentski trg • Tel. 0 11/18 53 23 • Mo–Fr 9–21, Sa 9–16 Uhr

Narodna Radinost ▶ S. 95, b 4
Hier wird typisch serbische Volkskunst angeboten: Kupfer und andere Metallgegenstände, z. B. Kaffeemühlen oder die »dčezva«, ein traditionelles Kupfergefäß zum Kaffeekochen.
Zeleni venac • O-Bus/Bus: Studentski Trg • Tel. 011/63 14 23 • Mo–Sa 8–20 Uhr

SERVICE ▶ S. 95, c 4
AUSKUNFT
Tourismus-Organisation Belgrad,
Knez Mihailova 6, Belgrad • Tel. 0 11/ 3 28 18 59 • www.tob.rs • Mo–Sa 9–21 Uhr

Von der Festung Tvrdjava-Kalemegdan (▶ S. 94) bietet sich ein weiter, einzigartiger Blick auf Novi Beograd, die Save-Mündung und die Pannonische Tiefebene.

Das Eiserne Tor

Eng wird es auf dem Fluss und auch an Deck, denn jeder will die Passage durch den einst gefährlichsten Abschnitt erleben, bevor es in die Walachei geht.

◀ Höhepunkt der unteren Donau: das
Eiserne Tor (▶ MERIAN TopTen, S. 99).

Bevor das Eiserne Tor, einer der Höhepunkte des unteren Verlaufs der Donau, durchfahren wird, passiert das Schiff hinter Belgrad zunächst noch Smederevo mit der malerischen Ruine sowie die Mündung der von Süden kommenden Morava, Serbiens wichtigstem Fluss. Außerdem müssen noch einige bürokratische Hürden in Form von Grenzformalitäten und Zollabwicklung in Velik Gradište erledigt werden. Aber anschließend kann sich die Natur endlich in ihrer ganzen Schönheit entfalten.

Für viele ist der Tag, an dem das Schiff das **Eiserne Tor** ⭐ erreicht, ein Bordtag. Langeweile wird aber aufgrund der eindrucksvollen Landschaft nicht aufkommen. Zwischen Moldava Veche und Drobeta-Turnu Severin wird es enger und enger, bis am Eisernen Tor der Durchbruch der Donau durch die Karpaten und die Ausläufer des Balkangebirges passiert wird. Diese über 100 km lange, wilde Schlucht mit ihren Klippen, Felsen, Stromschnellen und Untiefen bereitete den Seefahrern einst Angst und Schrecken. Heute können Sie sich entspannt vom Sonnendeck aus von steilen Felswänden, bewaldeten Bergen und einsamen Festungen, die langsam an Ihnen vorüberziehen, verzaubern lassen. Die Berge in Ufernähe reichen zum Teil bis auf 1200 m empor. Das Gebirge, durch das sich der Fluss seinen Weg bahnt, sind die Südkarpaten (oder Transsilvanische Alpen). Es trennt Siebenbürgen (nördlich) von der Walachei (südlich) und grenzt im Südwesten an das Banater Gebirge, das als Ausläufer der Karpaten bis nach Serbien reicht. In die Literatur fanden die Transsilvanischen Alpen Eingang durch Bram Stokers Vampirroman »Dracula«.

Durchfahrt durch das Eiserne Tor

Bis 1972 war das Eiserne Tor (serb.: Đerdap) nur mit ortskundigen Lotsenschiffen passierbar. Der vom ehemaligen Jugoslawien gemeinsam mit Rumänien betriebene Bau eines Elektrizitätswerkes konnte es entschärfen: Die errichtete Mauer ließ einen 150 km langen Stausee entstehen. Der Wasserspiegel wurde um 35 m gehoben, was wesentliche Erleichterungen für die Schiffsdurchfahrt bedeutete. Trotz des technischen Eingriffes zählt das Eiserne Tor immer noch

Morava-Schule
Die nach dem Donauzufluss benannte stilbildende Richtung in der byzantinischen Kunst erreichte in Architektur, Freskenmalerei und Literatur in der ersten Hälfte des
15. Jh. ihre größte Blüte.

Donaugötter?
Der Strom war in allen Zeiten für die Menschen an seinen Ufern Heils- und Unglücksbringer zugleich, möglich also, dass bereits mesolithische Bauern ihre Flussgottheiten in Lepenski Vir in Stein verewigten.

zu den großartigsten Abschnitten des Donautals. Dennoch darf nicht vergessen werden, dass zugunsten des Fortschritts 17 Ortschaften weichen und 25 000 Menschen umgesiedelt werden mussten.

Am Eingang dieser bemerkenswerten Passage liegen die Reste der einst strategisch wichtigen und sagenumwobenen Festung **Golubac**. Von hier aus konnte der Durchbruch der Donau und die Kataraktenstrecke zwischen Karpaten und Balkan verteidigt werden. An der schönsten Stelle, dem sogenannten Kazan (Kessel) nahe der Hafenstadt Orşova (15 000 Einwohner), wird die Anstauung der Donau auf 150 m Breite und 80 m Tiefe reduziert. Ein Stück weiter donauabwärts erreicht das Schiff die malerische Umgebung des bereits bei den Römern beliebten Mündungsbereichs des **Cernatals** – wegen der hier entspringenden radioaktiven Quellen. Deren Vorzüge schätzte auch die elegante Gesellschaft in den Jahren der Habsburgermonarchie. Für sie war der Kurort Băile Herculane (Herculesbad) ein Nobelheilbad.

Ein bekannter römischer Fund ist die in den Fels des Eisernen Tors geschlagene **Tabula Traiana**. Dabei handelt es sich um eine Tafel, die der römische Kaiser Trajan 101 n. Chr. anlässlich des Straßenbaus in der unteren Schlucht der Donau anbringen ließ. Bei den Bauarbeiten für das Kraftwerk wurde sie 35 m nach oben versetzt, um sie vor den aufsteigenden Fluten zu retten. Heute ist sie nur noch vom Wasser aus sichtbar. Für eine Unterbrechung der Fahrt sorgt die riesige Kraftwerksanlage Đerdap I mit je sechs Aggregaten auf rumänischer und auf serbischer Seite (pro Jahr 11 Mrd. kWh). Mithilfe einer Doppelkammerschleuse (Länge 310 m, Breite 34 m) wird das Schiff um 16 m abgesenkt. Nach der Schleusendurchfahrt wird die Landschaft nicht mehr von spektakulären Schluchten und Bergen geprägt: Die Ufer sind breiter, und die Ebene beherrscht das Bild.

Drobeta-Turnu Severin

Der römische Kaiser Trajan wählte **Drobeta-Turnu Severin** (heute 110 000 Einwohner), um im Krieg gegen die hier lebenden Daker einen Übergang über die Donau zu schaffen. In den Jahren 102 bis 105 wurde so an der 1000 m breiten Stelle der Donau bei Drobeta eine weitere strategisch wichtige Verlängerung der Römerstraße geschaffen.

Römische Zeugnisse

Wo im 19. Jh. Kaiser Franz Joseph I. und seine Sisi kurten, sind auch noch zahlreiche antike Funde überliefert, darunter Statuen, Münzen und natürlich die Thermen selbst.

Sollten Sie die Zeit, wenn das Schiff in Drobeta-Turnu Severin anlegt, für einen kurzen Landgang nutzen wollen, genügt es, wenn Sie sich in der Nähe der Anlegestelle aufhalten. Gleich hinter den Gleisen links befindet sich ein **Rosenpark** mit Standbildern für Trajan und seinen Gegner Decebal, den Anführer der Daker. Durch diesen Garten bekam die ansonsten eher schmucklose Stadt den Beinamen »Rosenstadt«. Vom Anleger nach rechts sind Ruinen der Festung **Severinburg** (13.–15. Jh.) zu sehen. Während des Angriffs der Türken 1524, die Drobeta eroberten und sich für 350 Jahre niederließen, wurde sie zerstört. Weiter am Donauufer entlang sind die wenigen Reste der **Trajanbrücke** beachtenswert. Kaiser Hadrian, Nachfolger Trajans, ließ sie abtragen, um Angriffe gegen das Römische Reich zu erschweren.

Meisterleistung
Die Trajansbrücke im Đerdap-Gebiet diente dem Kaiser zur Eroberung Dakiens. Sein Nachfolger Hadrian ließ das über 1000 m lange Holzbauwerk abbrechen, um seinerseits Einfälle ins Römische Reich zu verhindern.

Die bulgarische Grenze

Mit der Schleuse von Đerdap II wird die Fahrt abermals unterbrochen. Nur in einer Kammer werden die Schiffe dieses Mal auf das jeweilige Niveau des Flusses gesenkt oder gehoben. Wenig später beim in die Donau einmündenden Flüsschen Timok liegt die Grenze zwischen Serbien und Bulgarien. Für 400 km fahren Sie nun auf der Grenze zwischen dem im Norden liegenden Rumänien und dem im Süden liegenden Bulgarien oder, wenn Sie es kleinräumiger sehen wollen, der Walachei im Norden und den Ausläufern des Balkangebirges im Süden. Umgangssprachlich wird der Begriff **Walachei**, rumänisch »Tara Româneasca«, abschätzig für Einöde verwendet. Früher mag das auch gegolten haben, als sie eine weite, abweisende Steppe war. Seit im 20. Jh. aber ausgedehnte Bewässerungskanäle angelegt wurden, hat sich die Walachei in einen fruchtbaren Agrarraum verwandelt, der von den Bewohnern intensiv bewirtschaftet wird.

In diesem unteren Verlauf der Donau verändert sich auch der Charakter des Flusses. Als hätte sie ihre ganze Kraft im oberen und mittleren Teil aufgebraucht, fließt sie gemächlich, fast schon träge, mit nur wenig Gefälle ihrem Ziel, dem Schwarzen Meer, entgegen. Das Schiff muss immer wieder Sandbänke und kleinere Inseln umfahren. Auch das Bild der Uferlandschaften wird einsamer, da die bislang dichte Besiedlung im unteren Abschnitt der Donau kaum noch vorhanden ist. Selbst der Schiffsverkehr ist nicht mehr so intensiv.

Walachen
Der Begriff Walachen ist historisch eine Fremdbezeichnung für Volksgruppen, die sich selbst als Român oder Armâni, also Rumänen, bezeichnen.

Von Russe nach Bukarest

Der beschauliche Ortskern des bulgarischen Städtchens Russe setzt Kontraste zur gigantischen Architektur der letzten rumänischen Diktatur.

Die Fahrt entlang der rumänisch-bulgarischen Grenze kann sehr gut durch ein paar Ausflüge ins Hinterland unterbrochen werden. Das machen sich auch die meisten Kreuzfahrtveranstalter zunutze, indem sie ihren Gästen Fahrten in die rumänische Hauptstadt Bukarest, die ehemalige bulgarische Hauptstadt Veliko Tărnovo und Exkursionen zu einigen kunsthistorischen Schätzen wie der Felsenkirche Ivanovo (hl. Erzengel Michael) mit ihren gut erhaltenen Wandmalereien oder der Felsenkirche Bassarbovo oder nach Arbanassi mit seinen berühmten Bürgerhäusern anbieten.

Russe L6

200 000 Einwohner

Die bulgarische Stadt Russe wurde von den Römern als wichtiger Hafenort genutzt, was sich auch in ihrem Namen Sexginta Prista (Stadt der 60 Schiffe) ausdrückte. So war sie schon früh ein »Tor nach Europa«, wie es der berühmteste Sohn der Stadt Elias Canetti (1905–1994), Nobelpreisträger für Literatur, viel später einmal ausdrücken sollte. Es macht Spaß, hier durch die Straßen zu spazieren, deren einst kosmopolitisches Flair und deren Reichtum man noch heute an zahlreichen Bürgerhäusern mit ihren kunstvol-

◀ Der Svoboda-Platz mit dem Theater Sava Ognjanov in Russe, Bulgarien.

len Fassaden ablesen kann. Doch auch hier hat die lange Zeit des Sozialismus natürlich ihre Spuren hinterlassen, und so sind noch große Anstrengungen vonnöten, um die alte Pracht gänzlich wieder herzustellen. Aber wie in so vielen osteuropäischen Städten ist der Aufbruch auch hier deutlich spürbar.

SPAZIERGANG DURCH RUSSE
Vom Anleger der Schiffe ist es ein Leichtes, schnell in das Zentrum der Stadt zu gelangen. Wichtigster Orientierungspunkt, auch für den Rückweg, ist das Hochhaus des Hotels Riga. Gehen Sie zunächst in die ul. Car Ferdinand, wo Sie dem **Museum des städtischen Lebens** einen Besuch abstatten können. Informiert über die Lebensumstände großbürgerlicher Schichten im beginnenden 20. Jh. können Sie dann einen Bummel durch die Innenstadt unternehmen. Fast sternförmig laufen alle Straßen am plostad Svoboda zusammen, dem zentralen Platz der Stadt mit dem **Freiheitsdenkmal** (1909) in der Mitte. Wer in ein Café einkehren möchte, findet hier zahlreiche Möglichkeiten. Die Auslagen der Geschäfte in den Nebenstraßen und der Fußgängerzone in der ul. Aleksandrovska laden zum Shoppen ein, hier wird man manch originelles Mitbringsel finden. Mit einer kleinen Erweiterung geht der pl. Svoboda bei der Kirche **Sveta Troica** (1764) in den gleichnamigen Platz über. Hier lohnt es, die Stufen hinab in den Innenraum zu gehen, um die Ikonen zu besichtigen. Gegenüber befindet sich das international be-

achtete **Opernhaus**. Von hier ein wenig nach Osten versetzt steht das **Pantheon der Helden der Nationalen Wiedergeburt**. Genauso pathetisch wie sein Name ist auch der Bau, der 1978 zur Hundertjahrfeier der bulgarischen Unabhängigkeit fertiggestellt wurde: ein heller Kubus, gekrönt von einer goldenen Kuppel. In seinem Inneren sind 450 Soldaten beigesetzt worden. Sie fielen im Befreiungskrieg gegen die Türken; ihrer wird mit der Flamme des ewigen Lichts gedacht.
Dauer: ca. 1,5–2 Std.

Ausflüge in die Umgebung
Von einigen Veranstaltern angebotene Exkursionen von Russe führen über **Veliko Tărnovo** (ca. 1,5 Std. Fahrzeit) weiter nach Arbanasi. Die ruhmreiche Zarenstadt Veliko Tărnovo erhebt sich auf mehreren Hü-

⭐ 10 MERIAN Tipp

KUNSTGALERIE   L6
Eine seit 1953 auch über die Grenzen Bulgariens hinweg geschätzte kulturelle Einrichtung ist die Kunstgalerie in der Altstadt von Russe. Neben internationalen Wechselausstellungen werden vor allem Werke heimischer Künstler ausgestellt. Malerei, Skulpturen und Grafiken vom ausgehenden 19. Jh. bis zur Gegenwart geben einen guten Überblick über das künstlerische Schaffen im Land.

Die Galerie liegt an der Hauptstraße Borisova vom Stadtzentrum zum Zentralbahnhof.
39 Borisova Str. • Tel. 82/ 82 17 35 • Di–So 9–13, 14–18 Uhr • Eintritt 1 Lew

geln, umrahmt von den tief eingeschnittenen Mäandern des Flusses Jantra. Sehr schön gelegen, gilt sie als Stadt der Künstler und Kunsthandwerker. Zeit sollte man für die Besichtigung der Überreste des **Zarenpalastes** und der **Patriarchenkathedrale** (13. Jh.) einplanen. Anschließend lohnt sich ein Bummel durch die malerische Altstadt.

Das Museumsdorf Arbanasi liegt nur 4 km entfernt von Veliko Tărnovo. Die Häuser, während der türkischen Herrschaft erbaut, haben einen ganz eigenen Stil: Mit Eisennägeln beschlagene Holztore in 2 bis 2,5 m hohen Mauern öffnen sich zu geräumigen Innenhöfen. Große, luftige Innenräume mit geschnitzten Holzdecken und reich dekorierten Wänden bilden den Gegensatz zu dem eher abweisenden Äußeren. Es wird vermutet, dass die ehemaligen Besitzer durch die wehrhafte Fassade ihren Reichtum schützen wollten.

Eine etwas längere Busfahrt führt durch Bulgarien flussaufwärts in Richtung **Lom**, der zweitgrößten Stadt des Landes. Eine Kolonie von Einsiedlern lebte hier vom 3. bis zum 17. Jh. und baute beidseits des Flusses mehrere Kirchen, Mönchszellen und Kapellen. Die Höhlen in den Karstfelsen dienten ihnen dabei als Baugrund (UNESCO-Weltkulturerbe). Auf den Mauern der Innenräume befinden sich sehr kunstvolle Bilder mit biblischen Themen.

◉ Bukarest   L 6
2,3 Mio. Einwohner

Entweder von Russe aus oder von Olteniţa durch die Felder des Bargan werden Ausflüge in das ca. 60 km von der Donau entfernte Bukarest angeboten.

Trotz des Erdbebens von 1977 und Ceauşescus eigenwilliger Stadtplanung hat die Innenstadt noch ein wenig vom Reiz der Jahrhundertwende bewahrt. Die wichtigsten Sehenswürdigkeiten erreicht man problemlos zu Fuß. Sie liegen an oder nahe der Calea Victoriei, früher »Straße des Sieges des Kommunismus« genannt oder »Kitschboulevard«, wie ihn die Einheimischen tauften, und am parallel dazu verlaufenden Bulevardul Magheru. Ein Spaziergang durch die Stadt entwickelt sich schnell zu einer Geschichtsstunde der Entwicklung Bukarests. Es gibt ausreichend Parks und Caféterrassen im Freien, um sich während eines Stadtrundganges auszuruhen. Nicht zu übersehen ist am Ende der Prachtstraße Bulevardul Unirii das **Haus des Volkes** (»casă poporului«). Der letzte rumänische Diktator ließ ein Fünftel der Altstadt abreißen, um diese überdimensionale Palastanlage zu bauen; 40 000 Einwohner mussten umgesiedelt werden. Wie ein Mahnmal seines Regimes, ein Ausbund stalinistischen Stils, ragt es 84 m in die Höhe. Das monströse Gebäude ist eines der größten der Welt und zählt fast 6000 Räume. Im Inneren befinden sich Marmorböden, Lüster, Atombunker, Geheimgänge usw. Der Bau blieb nach 1989 unvollendet. Zurzeit tagt hier das Parlament.

SPAZIERGANG DURCH BUKAREST

Ihre Stadtbesichtigung beginnen Sie am besten in Alt-Bukarest an der Piaţa Unirii (Vereinigungsplatz), unter der die Dâmboviţa fließt. Hier finden Sie einige Einkaufszentren und kleinere Boutiquen. Der Platz befindet sich etwa auf halber Höhe des

Bulevardul Unirii, einer sehr langen Prachtstraße. Ein paar Schritte entfernt stehen die Ruinen des **Woiwodenpalastes Curtea Veche** (Alter Hof), die einzigen Überreste der mittelalterlichen Stadt. Der einstige Wohnsitz der Walachenfürsten wurde im 15. Jh. errichtet. Bereits im 18. Jh. wurde er jedoch wieder aufgegeben. Die schönste Kirche der Stadt, die **Stavropoleos-Kirche**, liegt nördlich der Piata Unirii. Ein griechischer Mönch ließ sie 1724 erbauen. Arabesken und Arkaden betonen den orientalischen Einfluss. Die Kirchen sind nur während der Messen zugänglich. Wenige Meter westlich, vom Ufer der Dâmbovita ausgehend, verläuft der lange Boulevard der Calea Victoriei, vorbei an dem ehemaligen Postpalais mit dem **Nationalen Geschichtsmuseum** und der **Nationalbibliothek** im Barockstil. Links zuerst die **Cretulescu-Kirche** aus rotem Backstein mit zwei Kuppeln. Gleich dahinter steht an der Piata Revolutiei der imposante ehemalige Königspalast, der heute das **Nationale Kunstmuseum** beherbergt. Das Gebäude, während der Revolution 1989 stark beschädigt, umfasst u.a. rumänische Malerei und Plastik, Gobelins, Ikonen, orientalische und mittelalterliche Kunst. Gegenüber befindet sich die **Universitätsbibliothek** mit Säulenfassade. Folgen Sie der Calea Victoriei weiter, sehen Sie rechts das von einer großen Kuppel überragte **Rumänische Athenäum** (Ateneul Român), Konzerthaus für das nach dem berühmten rumänischen Violinisten und Komponisten George Enescu benannte Philharmonieorchester. An der Piata Victoriei mündet die Calea Victoriei in die prächtige Soseaua Kisseleff, die zu dem 1935 zu Ehren der rumänischen Armee des Ersten Weltkriegs errichteten Triumphbogen führt.
Dauer: ca. 2,5 Std. (ohne Besichtigungen)

MUSEEN UND GALERIEN
Muzeul George Enescu im Palatul Cantacuzino
Opulent zeigt sich die Fassade des 1909 im französischen Barock errichteten Palastes. Benannt nach dem ehemaligen Präsidenten Cantacuzino, beherbergt es das Museum zum Gedenken an den rumänischen Komponisten und Dirigenten George Enescu (1881–1955). Als Lehrer für Violine gehörte zu seinen berühmtesten Schülern Yehudi Menuhin. Neben einer Oper (Oedipe), Sinfonien und Klaviermusiken wird er vor allem für seine beiden Rumänischen Rhapsodien verehrt.
141, Calea Victoriei • www.georgeenescu.ro • Mi–So 10–17 Uhr • Eintritt 6 Lei, Führungen auch in Englisch und Französisch ab einer Person, 50 Lei (Anmeldung unter office@georgeenescu.ro)

Muzeul National de Arta al Romaniei
Im ehemaligen Königlichen Palast von Bukarest befindet sich das Nationale Kunstmuseum mit Ausstellungen zur rumänischen, europäischen und orientalischen Kunst. Besuchenswert ist die Sammlung zur rumänischen modernen Kunst aus der Zeit 1850–1970. Noch deutlich geprägt vom französischen Einfluss, versuchen die nationalen Künstler ihren eigenen Weg zu gehen.
49–53, Calea Victoriei • www.mnar.arts.ro • Mi–So 10–18 Uhr • Eintritt 5 Lei

Das Donaudelta

Im rumänischen Tulcea geht es nicht mehr weiter. Hier ist das Ziel und zugleich der Wendepunkt der Reise. Mit vielen Armen greift die Donau in das Schwarze Meer.

◄ Eine Tour (▶ MERIAN TopTen, S. 107)
durch das Donaudelta ist ein Erlebnis!

In Tulcea, ca. 70 km vor der Mündung der Donau in das Schwarze Meer, wird das Donaudelta (5640 km^2) erreicht. In diesem Seehafen machten schon Phönizier, Römer, Genuesen und Türken ihre Schiffe fest. Ab Tulcea bietet sich die empfehlenswerte Möglichkeit, weiter donauaufwärts mit einheimischen Führern und Fischern auf eine **Bootsfahrt** ⭐ in offenen Ausflugsbooten durch die verschiedenen Mündungsarme der Donau zu fahren. Hierbei lernt der Schiffsreisende die in Europa einzigartige und unberührte Weite mit ihrer reichen Flora und Fauna (300 verschiedene Vogelarten) kennen. Bei Sulina wird dann das Schwarze Meer erreicht; die Donau hat bis hierhin 2858 km zurückgelegt. Große Mengen an Geröll und Tonnen feinster Schlamm aus den Bergen der Alpen und Karpaten führt die Donau nun mit sich. Während sich die schwersten Brocken bereits nach wenigen Metern am Grund des Flusses ablagern, wird das gesamte Feinmaterial bis ins Delta transportiert. Spätestens seit Ende der letzten Eiszeit wuchs so ein Schwemmlandfächer heran, der auch heute noch immer weiter in das Schwarze Meer hineinwächst. Durchzogen wird diese sich ständig verändernde Landschaft von einem Labyrinth aus Wasserläufen, die nie für lange Zeit ihre Richtung bewahren. Neue Sedimente bilden Inseln und schaffen kurzzeitig neues Land.

Westlich von Tulcea teilt sich die Donau in zwei Arme: den Chilia-Arm im Norden und den Tulcea-Arm im Süden. Dieser fächert sich dann weiter auf in den Sulina-Arm und den Sfântu-Gheorge-Arm. Fast unverändert in Stärke und Länge, aber durch die Begradigung der Natur entrissen, fließen alle drei Arme nach etwa 60 km Luftlinie ins Schwarze Meer.

Wichtig: Für einen ungestörten Aufenthalt in dieser Region sollte unbedingt ein Mückenschutzmittel mitgeführt werden. Bei nur 13 % Landoberfläche und 87 % Schwemmland mit Schilf und Sümpfen sind Stechmücken häufig anzutreffen. Hinzu kommt, dass die Durchschnittstemperaturen von 11 °C im Winter und 21 °C im Sommer den Mücken das Laichen erleichtern. Nur im Winter kann es im Delta kalt werden; in manchen Jahren friert da selbst die Donau zu.

Zahlen und Fakten

Das Delta ist das größte zusammenhängende Schilfrohrgebiet der Erde, die Bevölkerungsdichte mit die geringste in Europa.

Baden im Schwarzen Meer

Die Bulgarische Schwarzmeerküste im Süden ist schon weitaus mehr auf Touristen eingestellt als der Abschnitt in Rumänien. Trotzdem gibt es auch in Constanța einen schönen Jachthafen.

Kanalbau

Umweltorganisationen setzen sich seit Jahren dafür ein, dass der von der EU gewünschte Ausbau zur Schiffbarmachung und die Kanalisierung im Donaudelta, die vor allem in der Ukraine voranschreitet, gestoppt werden.

Tulcea und das Donaudelta

Tulcea (100 000 Einwohner) wird als das »Tor zum Donaudelta« bezeichnet. Hier muss der Reisende aufs Boot umsteigen, um weiter in das Delta vordringen zu können. Schließlich gibt es außer nach Murighiol keine Straßen, die das Delta erschließen. Gerne kommen auch die Fischer aus den abgelegenen Regionen des Deltas hierher, um Touristen ihre Heimat zu zeigen. Gleichzeitig ist es eine willkommene Nebenbeschäftigung, denn es gibt sonst nur wenig Arbeitsmöglichkeiten, und der Lohn als Fischer ist karg. Manche von ihnen ermöglichen auch Angelfahrten. Diese Touren werden von diversen Anbietern als Halbtages- und Tagestouren angeboten.

Auch für Verpflegung ist gesorgt: So sind bei den Einheimischen gegrillte Donaufische und eine leicht säuerliche Suppe mit Fisch (»de peste«) zu haben. Vor allem für ornithologisch interessierte Reisende ist dies zu empfehlen, da Reiher und andere Vögel zu beobachten sind (▶ S. 112).

Der nördliche Arm des Donaudeltas

Er stellt mit 104 km den längsten und wasserreichsten der Donauarme dar und ist die natürliche Grenze zu Moldawien und der Ukraine. Archäologische Funde belegen, dass an ihm in Chilia Veche (heute 3000 Einwohner) die ersten Menschen im Donaudelta ansässig wurden. Im 6. Jh. v. Chr. kamen die Griechen und im Mittelalter Händler aus Genua, die sich in dieser klimatisch günstigen Gegend niederließen.

Klima im Delta

In Chilia Veche beträgt die Jahresdurchschnittstemperatur 12 °C, die Sommer sind heiß und trocken, die Winter mild und windig. Die durchschnittliche Niederschlagsmenge beträgt nur 367 mm pro Jahr.

Der mittlere Arm des Donaudeltas

Mit 64 km Länge der kleinste der Donauarme, aber dennoch der Hauptarm, da er zum Kanal ausgebaut wurde und für die Einfahrt von Frachtschiffen aus dem Schwarzen Meer gedacht ist. Für die Bevölkerung des Deltas war dieser Bau ein kleiner Kulturschock. Denn bis zu diesem Zeitpunkt konnten sie in der Abgeschiedenheit des Deltas ungestört ihre Traditionen pflegen und brauchten sie nicht dem modernen Zeitgeist zu opfern. So findet man noch heute, gerade bei den Nachkommen der im 17. Jh. zugewanderten Russen, fast konservierte religiös-orthodoxe Lebensformen vor. Am Fischereizentrum **Mila 23** (Meile 23) und an Crisan mit einer biologischen Station des Donaudelta-Instituts vorbei, mündet der Kanal am Hafen der Stadt

Sulina (5000 Einwohner) ins Schwarze Meer. Falls Sie die Zeit finden, **Sulina** einen kurzen Besuch abzustatten, sollte es Sie zielsicher zum Leuchtturm (1802) ziehen. Von oben hat man einen wunderschönen Blick auf den Mündungsbereich der Donau und das Schwarze Meer. Um die Fahrrinne der Schifffahrt vor Verlandungen zu schützen, wurde ein 10 km langer Kanal dem Hafenort vorgebaut.

Hier liegt nun auch der Null-Punkt der Kilometrierung der gesamten Donau. Sie sind nun am Ziel Ihrer Flusskreuzfahrt angekommen, können Seeluft schnuppern und bestätigen, dass der Null-Punkt der Reise nur ein geografischer ist.

Der südliche Arm des Donaudeltas

Der südlichste Arm mündet mit einer Länge von 109 km bei **Sfântu Gheorghe** (1100 Einwohner) ins Schwarze Meer. Mit den 242 m hohen fünf Hügeln von Bestepe (20 km von Tulcea) liegen an ihm das Wahrzeichen des Deltas und gleichzeitig die größten Erhebungen. Kürzere Exkursionen ins Delta können von Murighiol unternommen werden. Der kleine Ort, auf eine römisch-byzantinische Gründung im 4. bis 6. Jh. zurückgehend, versucht mit ein paar Ferienanlagen ein Standbein im Tourismus – vor allem für Individualreisende – zu bekommen. Das Dorf Sfântu Gheorghe, benannt nach dem Schutzpatron des Donaudeltas in der rumänisch-orthodoxen Kirche, ist ein Zentrum der Störfischerei und damit der Kaviarproduktion. Leider geht seit einiger Zeit die Population zurück, sodass Anstrengungen unternommen werden müssen, die Aufzucht und Neuansiedlung von Stören zu fördern.

Wendepunkt und Rückfahrt

Schön sind die kaum berührten Badestrände an der **Schwarzmeerküste** bei Sfântu Gheorghe (und auch Sulina). Wo sonst in Europa können Sie zwischen Pelikanen zum Baden gehen? Für den Donaukreuzfahrer bedeutet das Donaudelta meistens nicht das Ende der Reise, sondern einen Wendepunkt. Von hier geht es bergauf, die Donau zurück, neue Ausflüge warten, und es gibt auch einiges Neues zu entdecken. Manche Passagen werden Ihnen länger vorkommen als bei der Hinfahrt. Bedenken Sie aber, dass Ihr Schiff nun gegen die Strömung anfahren muss.

Das Schwarze Meer
Anrainerstaaten sind die Türkei, Bulgarien, Rumänien, die Ukraine und Georgien.

In allen Häfen
Der Pelikan ist auf allen Kontinenten verbreitet, in der christlichen Ikonografie symbolisiert er häufig Jesus Christus. Dieser Bezug geht auf die Legende zurück, dass Pelikane ihre Brut vom eigenen Blut nähren.

Fische im Delta
Häufig vorkommende Arten sind Karpfen, Wels, Weißfisch, Stör und Rapfen.

Ruhig fließt die Donau durch die Wachau (▶ S. 43). Die Ufer des 30 km langen Abschnitts sind gesäumt von Weiden und Weinbergen.

Wissenswertes über die
Kreuzfahrt Donau

Nützliche Informationen für einen gelungenen Aufenthalt: Fakten über Land, Leute und Geschichte sowie Reisepraktisches von A bis Z.

Die Tiere der Donau

ROSAPELIKAN
(Pelecanus onocrotalus)
Länge: 140–175 cm
Nahrung: Fische; manchmal bilden Rosapelikane Treiberformationen, um die Fische in Richtung Ufer zu drängen; dort, im flachen Wasser, sind sie leichter zu erbeuten
Brutplätze: Donaudelta, Griechenland, Russland

SICHLER *(Plegadis falcinellus)*
Länge: 55–65 cm
Nahrung: Wasserinsekten, Larven, Würmer; durch seinen langen, gebogenen Schnabel kann er auch im Schlamm Beutetiere suchen
Brutplätze: Südosteuropa, speziell Ukraine, Russland, Rumänien, wenige in Ungarn, vereinzelt in Spanien und Frankreich

LÖFFLER *(Platalea leucorodia)*
Länge: 80–90 cm
Nahrung: kleine Fische, Kaulquappen, Schnecken und kleine Krebse; bei der Nahrungsaufnahme laufen Löffler mit ihrem halb offenen Schnabel durch flaches Wasser und »schöpfen« ihre Nahrung heraus
Brutplätze: Südeuropa, Nordseeküste, Ungarn, Tschechien

KORMORAN *(Phalacrocorax carbo)*
Länge: 80–100 cm
Nahrung: Süß- und Salzwasserfische; mit seinem Hakenschnabel kann er selbst den glitschigsten Fisch an der Flucht hindern
Brutplätze: Küsten Europas, Binnenlandseen; die Unterart *sinensis* im Norden Mitteleuropas, im Donauraum Südosteuropas

NACHTREIHER
(Nycticorax nycticorax)
Länge: 58–65 cm
Nahrung: Frösche, Molche, Wasserinsekten, Fische, Kleinsäuger und Kleinvögel. Wie der Name schon sagt, ist der Nachtreiher meist nachts aktiv und das oft in kleinen Gruppen
Brutplätze: südliches und westliches Europa

BIENENFRESSER
(Merops apiaster)
Länge: 25–27 cm
Nahrung: Bienen, Wespen, Hornissen, Hummeln; werden meist im Flug gefangen; falls das Insekt noch einen Stachel hat, drückt der Bienenfresser vor dem Verzehr das Gift aus dem Insekt heraus
Brutplätze: Süd- und Osteuropa, vor allem Iberien

HAUBENTAUCHER
(Podiceps cristatus)
Länge: 46–51 cm
Nahrung: kleine Fische und andere im und auf dem Wasser lebende Tiere, die tauchend gefangen werden
Brutplätze: Süßwasserseen, große Flüsse und die Küsten Europas (außer Island und Skandinavien)

RALLENREIHER
(Ardeola ralloides)
Länge: 44–47 cm
Nahrung: Frösche, Molche, Wasserinsekten und Fische; das Jagdverhalten des Rallenreihers zeichnet sich durch geduldiges Lauern aus
Brutplätze: Südeuropa; in Mitteleuropa nur in Ungarn und (unregelmäßig) in der Slowakei

GRAUREIHER *(Ardea cinerea)*
Länge: 90–98 cm
Nahrung: meist Fische, Frösche, Kaulquappen, große Käfer und Würmer; nach bewegungslosem Stehen oder langsamem Waten durch flaches Wasser schlägt der Graureiher blitzschnell zu, um seine Beute zu fangen
Brutplätze: große Teile Europas (außer Island und Nordeuropa); in Südeuropa meist nur im Winter zu Gast

BLAURACKE
(Coracias garrulus)
Länge: 30–32 cm
Nahrung: Insekten (zum Beispiel Käfer, Heuschrecken), selten Mäuse oder Frösche
Brutplätze: Süd- und Osteuropa, nach Norden nahe zum Baltikum

SEEADLER *(Halieetus albicilla)*
Länge: 77–92 cm
(Spannweite: 190–240 cm)
Nahrung: Fische und Säugetiere von einer Größe bis zum Reh; die Fische werden meist tot aufgenommen; bei der Jagd nach lebendigen Fischen geht er im flachen Wasser auf Fang
Brutplätze: Island, Schottland, Nord-, Osteuropa, an bestimmten Plätzen auch in Südosteuropa

EISVOGEL
(Alcedo atthis)
Länge: 16–17 cm
Nahrung: kleine Fische, Wasserinsekten, Kaulquappen, nach denen getaucht wird
Brutplätze: Europa (nicht Island), größter Teil Nordeuropas, Nord-Großbritannien

BIBER
(Castor fiber)
Nahrung: Holz, Gräser, Wurzeln; Biber können auch längere Zeit unter Wasser nagen
Verbreitung: Nordwest- und Zentral-Eurasien, immer mehr von Frankreich bis zum Baikalsee und bis zur Mongolei vertreten, auch Ost-Russland

LAUBFROSCH
(Hyla arborea)
Größe: 4–5 cm
Nahrung: fliegende Insekten; fängt seine Opfer mit der Zunge
Verbreitung: weltweit
Besonderheiten: das Männchen unterscheidet sich äußerlich vom Weibchen durch seine bräunlich gefärbte Kehle

SMARAGDEIDECHSE
(Lacerta viridis)
Länge: bis zu 50 cm
Nahrung: Insekten, Spinnen, Würmer, Schnecken, manchmal sogar kleinere Eidechsen
Verbreitung: nördliche Mittelmeerländer (bis Portugal im Westen und Israel im Osten); nur vereinzelt vertreten in Mitteleuropa

ÄSKULAPNATTER
(Zamenis longissima)
Länge: bis zu 200 cm
Nahrung: Mäuse, seltener Vögel, Jungtiere, auch Eidechsen; würgt ihre Opfer zu Tode
Verbreitung: Südeuropa und Kleinasien, vereinzelt in Deutschland, Österreich und der Schweiz

Reisepraktisches von A–Z

ANREISE
MIT DEM ZUG
Aus Deutschland, Österreich und der Schweiz bestehen über München und Regensburg mehrere Verbindungen nach Passau. Zahlreiche Veranstalter bieten ihren Gästen einen Koffer- und Personentransfer vom Bahnhof zum Schiff an. Vom Hauptbahnhof in Passau besteht auch die Möglichkeit, mit dem City-Bus (Haltestelle in der Nähe des Bahnhofs) oder mit dem Taxi zum Schiffsanleger zu fahren.

MIT DEM PKW
Für Schiffsgäste, die mit ihrem eigenen Pkw nach Passau anreisen (Autobahn A3, Ausfahrt Passau Nord), bieten bei Vorübernachtung im Hotel die Unterkünfte die Möglichkeit, den Wagen für die Zeit der Reise dort unterzustellen.
Auch die Reedereien und Veranstalter kümmern sich bei rechtzeitiger Anmeldung um günstige Unterbringungsmöglichkeiten für ein Fahrzeug in Passau während der Flusskreuzfahrt. So organisiert beispielsweise die A-Rosa zusätzlich einen von ihren Mitarbeitern durchgeführten Pkw-Transfer (10 €) vom Schiffsanleger zur Garage und am Abreisetag wieder zurück.
Das an der Rezeption abzugebende Gepäck wird auch schon vor dem offiziellen Eincheckertermin an der Rezeption angenommen und auf die Kabinen gebracht.

AN BORD
Die Rezeption ist rund um die Uhr geöffnet. Auf den Kabinen befindet sich meist im Kleiderschrank ein Safe für die Wertsachen. Die Öffnungszeiten der Bars sind dem jeweiligen Tagesprogramm zu entnehmen. Es werden bei gutem Wetter auch Erfrischungen auf den Sonnendecks serviert. Meist ist eine kleine Bordbibliothek vorhanden, in der auch eine Auswahl an Gesellschaftsspielen zur Verfügung steht. Kosmetika, Parfums, Souvenirs und Dinge des täglichen Bedarfs sind in der Bord-Boutique erhältlich. Manche Schiffe verfügen über einen eigenen Friseursalon. Bademäntel für den Aufenthalt auf dem Sonnendeck und den Massage-/Wellness-Bereich sind auf Wunsch erhältlich, wenn sie nicht bereits in der Kabine ausliegen. Auf den Schiffen, die Fahrradausflüge anbieten, sind moderne Trekkingbikes vorhanden, die aber nur zu Fahrradausflügen mit Guide geliehen werden können. Sonst kein Fahrradverleih an Bord!

AUSKUNFT
Die Donau – Internationale Touristische Werbegemeinschaft
Wiedner Hauptstr. 120–124/4. OG, 1050 Wien • Tel. 0 65 07 28 33 73 • www.danube-river.org

BULGARIEN
Ministry of Economy, Energy and Tourism
8, Slavyanska Str., 1052 Sofia • Tel. 02/9 40 71 • www.bulgariatravel.org

DEUTSCHLAND
Deutsche Zentrale für Tourismus
– Beethovenstr. 69, 60325 Frankfurt/Main • Tel. 0 69/97 46 40 • www.deutschland-tourismus.de
– Mariahilfer Str. 54, 1070 Wien •

Tel. 01/15 13 27 92 • www.deutsch
land-tourismus.at
– Talstr. 62, 8001 Zürich • Tel. 0 44/
2 13 22 00 • www.deutschland-
tourismus.ch

ÖSTERREICH
Österreich Werbung
– Deutschland: Tel. 0 18 02/10 18 18 •
www.austria.info/de
– Österreich: 0 08 00/40 02 00 00 •
www.austria.info/at
– Schweiz: Tel. 08 42/10 18 18 •
www.austria.info/ch

RUMÄNIEN
Romanian National Tourist Office
– Dachauerstr. 32–34, 80335 München • Tel. 0 89/51 56 76 87 •
www.rumaenien-tourismus.de
– Opernring 1, Stiege R, Stock 4,
Zi. 404, 1090 Wien • Tel. 01/3 17 31 57 •
www.rumaenien-info.at

SERBIEN
National Tourism Organisation
ika-Ljubina 8, 11103 Beograd • Tel.
0 11/6 55 71 00 • www.serbia.travel

SLOWAKEI
**Slowakische Zentrale
für Tourismus**
www.slovakia.travel
– Zimmerstr. 27, 10969 Berlin •
Tel. 0 30/25 94 26 40
– Parkring 12, 10 40 Wien •
Tel. 01/5 13 95 69

UNGARN
Ungarisches Tourismusamt
– Wilhelmstr. 61, 10117 Berlin •
Tel. 0 30/2 43 14 60 • www.ungarn
tourismus.de
– Opernring 5, 1010 Wien • Tel.
0 08 00/36 00 00 00 •
www.ungarntourismus.at
– Hegibachplatz/Minervastr. 149,
8032 Zürich • Tel. 0 08 00/36 00
00 00

BORDSPRACHE

Die Bordsprache ist in der Regel Deutsch. In allen Bereichen des Schiffes sind die Mitarbeiter dazu angehalten, dem Gast Auskünfte auf Deutsch zu erteilen, selbst dann, wenn es nicht die Muttersprache ist. Auf den Schiffen der A-Rosa-Flotte wird ausschließlich Deutsch gesprochen. Die Veranstalter Viking River Cruises oder Lüfter sind hingegen stärker international orientiert, sodass auch häufiger amerikanische oder britische Reisegruppen an Bord sind. Bei ihnen geht es an Bord eher mehrsprachig zu.

BUCHTIPPS

Klaffenböck, Rudolf: GRENZgehen (Verlag Karl Stutz, 1999) Wanderung entlang der österreichischen Grenze nach Tschechien, der Slowakei, Ungarn und Slowenien.

Magris, Claudio: Donau (Zsolnay 2007) Roman und Reisebericht durch den Donauraum zum Ende der 1980er-Jahre, als die europäische Landkarte noch anders aussah.

Setzwein, Bernhard: Die Donau – Eine literarische Flussreise von der Quelle bis Budapest (Klett-Cotta Verlag, 2005) Alles, was große Literaten zur Donau zu sagen haben, findet sich hier in Geschichten und Gedichten.

BUCHUNGSADRESSEN
DEUTSCHLAND
A-Rosa Flussschiff GmbH
Steinstr. 9, 18055 Rostock • Tel.
01 80/3 02 76 72 (0,09 €/Min.) •
www.a-rosa.de

DERTOUR GmbH
Emil-von-Behring-Str. 6, 60439
Frankfurt a.M. • Tel. 0 69/95 88 00 •
www.dertour.de

Hansa Kreuzfahrten GmbH
Contrescarpe 36, 28203 Bremen •
Tel. 04 21/33 46 60 • www.hansa
kreuzfahrten.de

nicko cruises Flussreisen GmbH
Mittlerer Pfad 2, 70499 Stuttgart •
Tel. 07 11/24 89 80 44 • www.nicko-
cruises.de

Phönix Reisen GmbH Bonn
Pfälzer Str. 14, 53111 Bonn •
Tel. 02 28/9 26 00 • www.phoenix
reisen.com

PLANTOURS Kreuzfahrten
Obernstr. 76, 28195 Bremen • Tel.
04 21/17 36 90 • www.plantours-
partner.de

Studiosus Reisen München GmbH
Riesstr. 25, 80992 München •
Tel. 0 89/50 06 01 01 • www.
studiosus.de

ÖSTERREICH
DDSG Blue Danube Schifffahrt GmbH
Franz-Josef-Kai 2, 1010 Wien • Tel. 01/
5 88 80 • www.ddsg-blue-danube.at

Lüftner Cruises
Amraser Seestr. 56, 6020 Innsbruck •
Tel. 0043/512/365781 • www.lueft
ner-cruises.com

SCHWEIZ
Thurgau Travel
Rathaustr. 5, 8036 Weinfelden •
Tel. 00 41/8/00 6 26 55 00 • www.
thurgautravel.ch

BUCHUNGSHINWEISE
Bei der Buchung Ihres Schiffes sollten Sie darauf achten, auf welchem Deck Ihre Kabine liegt. Wollen Sie nicht auf »Augenhöhe« mit dem Wasser fahren, dann ein Deck höher. Dort sind die Kabinen etwas teurer, bieten aber bei den meisten Schiffen auch den Komfort eines kleinen französischen Balkons. Beachten Sie bei der Auswahl auch das Alter des Schiffes und die Inklusivleistungen. Planen Sie eine individuelle Verlängerung der Reise mit Hotelübernachtung am Start- und/oder Zielort? Dann sollten Sie diese gemeinsam mit der Kreuzfahrt buchen. So gehen Sie sicher, dass auch ein Zimmer frei ist. Außerdem gewähren die meisten Anbieter Frühbucherrabatte!

DIPLOMATISCHE VERTRETUNGEN
BULGARIEN
– D: Ulica Frederic-Joliot-Curie 25,
1113 Sofia • Tel. 02/91 83 80 • www.
sofia.diplo.de
– A: Boulevard Zar Oswoboditel 13/
Ulica Schipka 4, 1000 Sofia •
Tel. 02/9 32 90 32 • www.aussen
ministerium.at/sofia
– CH: Ulica Chipka 33, 1504 Sofia •
Tel. 02/9 42 01 00

DEUTSCHLAND
– A: Stauffenbergstr. 1, 10785 Berlin •
Tel. 030/20 28 70 • www.aussen
ministerium.at/berlin
– CH: Otto-von-Bismarck-Allee 4 A,
10557 Berlin • Tel. 030/390 40 00

ÖSTERREICH
– D: Metternichgasse 3, 1030 Wien •
Tel. 01/71 15 40 • www.wien.diplo.de
– CH: Prinz-Eugen-Str. 7, 1030 Wien •
Tel. 01/7 95 05

RUMÄNIEN
– D: Strada Cpt. Av. Gheorghe Demetriade 6–8, 011849 Bukarest • Tel. 021/2 02 98 30 • www.bukarest.diplo.de
– A: Dumbrava Rosie 7, 020461 Bukarest • Tel. 0 21/2 01 56 12 • www.aussenministerium.at/bukarest
– CH: Str. Grigore Alexandrescu 16–20, Stockwerk 4, 010626 Bukarest • Tel. 0 21/2 06 16 00

SERBIEN
– D: Ulica Kneza Milosa 76, 11000 Belgrad • Tel. 0 11/3 06 43 00 • www.belgrad.diplo.de
– A: Kneza Sime Markovica 2, 11000 Belgrad • Tel. 0 11/3 33 65 00 • www.aussenministerium.at/ belgrad
– CH: Bircaninova 27, 11001 Belgrad • Tel. 0 11/3 06 58 20

SLOWAKEI
– D: Hviezdoslavovo Nam. 10, 81303 Bratislava • Tel. 02/59 20 44 00 • www.pressburg.diplo.de
– A: Venturska 10, 81101 Bratislava • Tel. 02/59 30 15 00 • www.rakusko.eu
– CH: Tolstého ul. 9, 81106 Bratislava • Tel. 02/59 30 11 11

SLOWENIEN
– D: Presernova 27, 1000 Ljubljana • Tel. 01/4 79 03 00 • www.ljubljana.diplo.de
– A: Presernova cesta 23, 1000 Ljubljana • Tel. 01/4 79 07 00 • www.aussenministerium.at/laibach
– CH: Trg republike 3, 6. Stock, 1000 Ljubljana • Tel. 01/2 00 86 40

UNGARN
– D: Úri utca 64–66, 1014 Budapest • Tel. 01/4 88 35 00 • www.budapest.diplo.de
– A: Benczúr utca 16, 1068 Budapest • Tel. 01/4 79 70 10 • www.aussenministerium.at/budapest
– CH: Stefánia út. 107, 1143 Budapest • Tel. 01/4 60 70 40

FESTE UND EVENTS
JANUAR
Neujahrskonzert der Wiener Philharmoniker
Klassische Stücke von Strauß, Mozart und Beethoven begrüßen im Musikvereinssaal das Neue Jahr. Höhepunkt ist der weltberühmte »Donauwalzer«.
www.wienerphilharmoniker.at

MÄRZ/APRIL
Budapester Frühlingsfestival
Größte künstlerische Veranstaltung des Jahres in Ungarn mit Konzerten in- und ausländischer Solisten, Ensembles, Opern- und Theateraufführungen an vielen verschiedenen Spielstätten.
www.bsf.hu

MAI/JUNI
Budapester Kirmes
Das Volksfest existiert seit dem Abzug der Sowjettruppen (19. Juni 1991).
Drittes Wochenende im Juni

Donauinselfest, Wien
Für drei Tage ist die Donauinsel Schauplatz eines riesigen Gratis-Freiluft-Events mit Partys und Konzerten von und mit Lokalgrößen.
Ein Wochenende Ende Juni • www.donauinselfest.at

JUNI/JULI
Europäische Wochen, Passau
Über die Grenzen bekannt; mit internationalen Solisten und Ensem-

bles finden Konzerte, Ballette, Kirchenkonzerte, Filmvorführungen, Lesungen, Opern, Schauspiel- und Musicalaufführungen statt.
www.ew-passau.de

Jazzfest Wien
Die Größten des Jazz geben sich in der Staatsoper, im Burgtheater und an anderen illustren Orten die Klinke in die Hand.
Ende Juni/Anfang Juli •
www.jazzfest.wien

Belgrader Sommerfestival
Das »Beogradski letnji festival« – kurz BELEF – findet in der ganzen Stadt, in Sälen und auf öffentlichen Plätzen statt. Es gibt Konzerte, Ballett, und Theater.
www.belef.rs

AUGUST/SEPTEMBER
Donaufestwochen
Der Strudengau in Oberösterreich bietet alljährlich an verschiedenen Veranstaltungsorten in Schlössern, Kirchen, Mühlen und Museen Konzerte alter Meister sowie Jazz und Ausstellungen.
www.donau-festwochen.at

Jüdisches Sommerfestival, Budapest
Klassische Konzerte, Filme, Ausstellungen, Buchvorstellungen, Klezmer, Operette und Theater.
Ende August/Anfang September •
www.jewishfestival.hu

OKTOBER
Monat der Museen, Budapest
Die Museen zeigen vor allem neue Ausstellungen, präsentieren spezielle Kunstschätze und informieren über neue Forschungsergebnisse.

ENDE NOVEMBER/DEZEMBER
Weihnachtsmärkte
Zauberhafte, stimmungsvolle Weihnachtsmärkte gibt es in allen Städten entlang der Donau.

GELDWECHSEL
Meist befinden sich in der Nähe der jeweiligen Anlegestelle Wechselbüros. Ansonsten kann auch an der Bordrezeption Fremdwährung eingetauscht werden. Versuchen Sie ungefähr abzuschätzen, ob und wie viel Bargeld Sie benötigen (Kreditkarten werden in größeren Läden meist akzeptiert) und tauschen Sie nicht zu viel um – sonst klimpern nach wenigen Tagen drei oder vier verschiedene Währungen in Kleinstbeträgen in Ihrem Geldbeutel.

GELD
BULGARIEN
1 Lew . . . . 0,51 €/0,58 SFr
1 € . . . . 1,96 Lew
1 SFr. 1,88 Lew

RUMÄNIEN
1 Leu . . . . 0,24 €/0,24 SFr
1 € . . . . 4,51 Lei
1 SFr. . . . . 4,20 Lei

SERBIEN
100 Dinar. . . . . 0,85 €/0,95 SFr
1 € . . . . 123,19 Dinar
1 SFr. . . . . 115,01 Dinar

UNGARN
100 Ft. . . . . 0,32 €/0,35 SFr
1 € . . . . 316 Ft
1 SFr. . . . . 289 Ft

GESUNDHEITSVORSCHRIFTEN
Spezielle Impfungen sind nicht vorgeschrieben. So die Impfungen Tetanus, Polio und Diphtherie länger als

10 Jahre zurückliegen, empfiehlt sich dennoch eine Auffrischung. Dies gilt auch für eine Hepatitis-A-Impfung. Mittel zum Schutz und zur Behandlung von Insektenstichen sind vor allem bei Reisen ins Donaudelta besonders empfehlenswert. Sonnenschutzpräparate mit hohem Lichtschutzfaktor gehören auf jeden Fall ins Gepäck. Mittel gegen Seekrankheit benötigen Sie nur, wenn Sie empfindlich sind; die Schiffe fahren sehr ruhig – selbst Motorengeräusche hört man kaum.

HAFENLIEGEPLÄTZE
Es ist in einigen Städten üblich, dass die Hafenbehörden aufgrund des hohen Verkehrsaufkommens mehreren Schiffen einen gemeinsamen Liegeplatz zuweisen. In diesen Fällen liegen die Schiffe nebeneinander. Die Sicht aus den Kabinen kann eingeschränkt sein. Zustiege und Landgänge erfolgen dann durch die anderen Schiffe.

Wenn wegen Hoch- oder Niedrigwasser Streckenabschnitte nicht befahrbar sind, behalten sich Reedereien/Veranstalter das Recht vor, Gäste mit Reisebussen zu befördern. Umstiege auf andere Schiffe, Programmänderungen und eventuell Übernachtungen im Hotel wären möglich.

INTERNET
In der Regel verfügen alle Schiffe über ein mobiles Internet. Neben öffentlichen Computern sind ebenfalls gegen Gebühr via Hotspot auch WLAN-Verbindungen möglich. An manchen Positionen der Reise kann es sein, dass keine Netzverbindungen bestehen oder nur sehr langsam (56 kbit/s) aufgebaut werden. Preise für die Internetnutzung sind von Schiff zu Schiff unterschiedlich.

MEDIZINISCHE VERSORGUNG
In den meisten Fällen ist auf Flusskreuzfahrten kein Arzt an Bord. Im Notfall ist aber medizinische Hilfe schnell erreichbar, da sich die Schiffe immer in der Nähe des Ufers befinden. Geht die Flusskreuzfahrt bis ins Donaudelta, fährt auf manchen Schiffen ein Arzt mit.
Der Abschluss einer Auslandsreisekrankenversicherung ist ratsam.

NOTRUF
Euronotruf Tel. 112
(Polizei, Feuerwehr, Rettungsdienst)

POST
Post und Briefe können an der Rezeption abgegeben werden. Sie werden immer direkt im nächsten Hafen versandt.

REISEDOKUMENTE
Führt die Reise nur bis Budapest, können Deutsche, Österreicher und Schweizer mit einem gültigen Reisepass oder Personalausweis (Identitätskarte) einreisen. Kinder unter 16 Jahren dürfen nicht mehr im Pass eines Elternteils eingetragen sein, sie benötigen einen Kinderausweis.
Ist das Ziel das Schwarze Meer, wird ein gültiger Reisepass benötigt, der sechs Monate über die Reise hinaus gültig sein muss und zwei freie Seiten enthalten sollte.

RÜCKREISE
Die meisten Flusskreuzfahrten auf der Donau starten und enden in Passau. Sollten Sie nur eine einfache Tour von Passau nach Wien oder Budapest oder in die umgekehrte

Richtung planen, können Sie ohne Probleme mit dem Zug oder von Wien und Budapest mit dem Flugzeug an-/abreisen.

SCHLÜSSELKARTEN
Die Bordkarte ist in der Regel auch die Schlüsselkarte für die Kabine und dient beim Ein- und Aussteigen zur Legitimation.

STROM
Die Stromspannung an Bord ist durchgängig 220 V, die Steckdosen entsprechen der EU-Norm. Eine 220/210-V-Steckdose für Rasierer befindet sich im Bad.

TAGESPROGRAMME
Hierin sind alle wichtigen Informationen enthalten. Die Programme für den nächsten Tag werden meist am Abend zuvor verteilt.

TELEFON
VORWAHLEN
Bulgarien ▶ 0 03 59
Deutschland ▶ 00 49
Österreich ▶ 00 43
Rumänien ▶ 00 40
Serbien ▶ 0 03 81
Slowakei ▶ 04 21
Schweiz ▶ 00 41
Ungarn ▶ 00 36

Die Schiffe sind über Telefon und Fax zu erreichen. Die Nummern erhalten Sie mit den Reiseunterlagen. Eingehende Gespräche werden von der Rezeption auf die Kabinen vermittelt. Ausgehende Gespräche werden über das Bordkonto abgerechnet. Sie haben überall auch Netz für international freigeschaltete Mobiltelefone. Speichern Sie auf Ihrem Mobiltelefon die Nummer Ihres Schiffs für etwaige Notfälle bei selbst organisierten Landausflügen.

TRINKGELD
Trinkgelder sind individuell und sollten am Ende der Reise Ausdruck der Zufriedenheit des Gastes sein.

TRINKWASSER
Das Wasser an Bord hat Trinkwasserqualität. Eis und Mineralwasser gibt es beim Kabinenpersonal. Auf Landgängen kann man Getränke günstig besorgen.

TV
TV-Programme sind via Satellit zu empfangen, eine Auswahl an Sendern wird übertragen. Fast alle Schiffe verfügen über Fernseher auf der Kabine. Bei Schleusendurchfahrten und in engen Tälern kann es zu Empfangsstörungen kommen.

WÄSCHEREI
Wie im Hotel gibt es auch an Bord einen Wäscheservice.

ZAHLUNGSMITTEL
Die Bordwährung ist generell der Euro. Während der Reise werden auf den Schiffen die bordeigenen Kreditkarten benutzt. Am Ende der Reise kann dann entweder bar oder mit Kreditkarte gezahlt werden. Für privat organisierte Landausflüge, Museumsbesuche etc. empfiehlt es sich, kleinere Mengen in Landeswährung umzutauschen.

ZOLLBESTIMMUNGEN
Bei der Ein- und Ausfuhr von Waren und Devisen ist auf die jeweils geltenden Zollbestimmungen zu achten. Auskünfte unter www.zoll.de, www.bmf.gv.at zoll und www.zoll.ch.

DIE WELT *live!* ENTDECKEN.

A
Abu Dhabi
Amalfiküste/Golf von Neapel
Amsterdam
Andalusien
Antwerpen/Brügge/Gent
Apulien
Athen
Azoren

B
Bali
Bangkok
Barcelona
Basel
Berlin
Bodensee
Bretagne
Brüssel
Budapest

C
Chalkidiki/Thessaloniki
Cornwall/Südengland
Costa Rica/Panama

D
Dresden
Dubai/Emirate/Oman
Dublin

E
Edinburgh
Elba
Elsass/Vogesen

F
Florida
Frankfurt am Main
Fuerteventura

G
Gardasee
Göteborg
Gran Canaria

H
Hamburg
Heidelberg
Heilbronn
Helsinki
Hongkong/Macau
Hurtigruten/Norwegen mit dem Postschiff

I
Ibiza/Formentera
Irland/Nordirland
Island
Istrien

K
Kalabrien
Kanalinseln/Jersey/Guernsey
Kapverdische Inseln
Köln
Kopenhagen
Korsika
Kos
Krakau
Kreta
Kreuzfahrt Donau
Kreuzfahrt Emirate/Oman
Kreuzfahrt Kanaren
Kreuzfahrt Karibik
Kreuzfahrt Nil
Kreuzfahrt Nördliches Westeuropa
Kreuzfahrt Östliches Mittelmeer
Kreuzfahrt Ostsee
Kreuzfahrt Rhein
Kreuzfahrt Westliches Mittelmeer
Kroatien südliche Küste und Inseln
Kuba

L
Lanzarote
La Palma
Leipzig
Ligurien/Cinque Terre/Genua
Lissabon
London

M
Madeira/Porto Santo
Madrid
Mailand
Mallorca
Malta und Gozo
Marokko
Mauritius
Moskau
München
Mykonos

N
Namibia
New York
Nizza/Monaco/Cannes/Saint-Tropez
Nordfrankreich/Nord-Pas de Calais/Picardie
Nürnberg

O
Oslo
Ostfriesland/Ostfriesische Inseln
Ostseeküste Mecklenburg-Vorpommern

P
Paris
Piemont/Turin/Lago Maggiore
Prag

R
Rhodos
Riga
Rom
Rügen/Hiddensee/Stralsund

S
Salzburg/Salzburger Land
Santorin
Sardinien
Schottland
Schwarzwald/Freiburg
Seoul
Seychellen
Singapur
Sizilien/Liparische Inseln
Spaziergänge in Berlin
Spaziergänge in München
Spaziergänge in Wien
Sri Lanka
St.Petersburg
Stockholm
Straßburg
Südafrika
Südtirol
Sylt

T
Teneriffa
Thailand
Toskana
Türkei Westküste

V
Valencia/Costa Blanca
Venedig
Verona und das Veneto

W
Weimar
Wien

Z
Zürich
Zypern

Über 130 Titel!

MERIAN
Die Lust am Reisen

Orts- und Sachregister

Wird ein Begriff mehrfach aufgeführt, verweist die **halbfett** gedruckte Zahl auf die Hauptnennung. Abkürzungen: Hotel [H], Restaurant [R]

Aggstein [Burg] 46
Aktivurlaub 17
Albertina [Wien] 58
Aleksandar I
  Karadjordjevic, König 93
Altenwörth 49
Alter Dom [Linz] 37
Alter Hof/Woiwodenpalast
  Curtea Veche [Bukarest]
  105
Altes Rathaus [Bratislava]
  70
Altes Rathaus [Linz] 38
Altes Schloss/Stari dvor
  [Belgrad] 94
Altmann, hl, Bischof von
  Passau 49
Andrássy út [Budapest,
  MERIAN Tipp] 82
Andrássy, Gyula 82
Anreise 116
Arbanasi [Museumsdorf]
  104
Ardagger Markt 43
Ars Electronica Center
  [Linz] 37, **40**
Artenvielfalt an der Donau
  34
Artstetten [Schloss] 43
Aurel, Marc 49
Auskunft 116

Bäderkultur [Budapest] 84
Băile Herculane/
  Herkulesbad 100
Barcsay, Jenö 77
Bauernmärkte 16, **19**, 23
Beethoven, Ludwig van 58,
  61, 82
Belgrad 92
Belvedere [Wien] 53
Bestepe [Donaudelta] 109
Bootsfahrten im
  Donaudelta [MERIAN
  TopTen] 107
Bordguide 14
Bordsprache 117
Boutique Café und
  Restaurant [R, Belgrad]
  96
Bratislava 72
Bruckner, Anton 37
Brucknerhaus [Linz] 37
Buchtipps 117
Buchungsadressen 117
Buchungshinweise 118

Buda 78
Budapest 78
Bukarest 104
Burg Dürnstein 46
Burg Krämpelstein 34
Burg Vichtenstein 34
Burggarten [Wien] 52
Burgpalast/Budavári
  palota [Budapest] 79
Buschenschank **44**, 47,
  50, 62

Café Greenet [R, Belgrad]
  97
Café Mayer [R, Bratislava]
  70
Café Sperl [R, Wien] 62
Caffe ZuZuS [R, Belgrad]
  97
Canetti, Elias 102
Carlone, Giovanni Battista
  27
Carnuntum 67
Ceaușescu, Nicolae 104
Cernatal 100
Chilia Veche 108
Chilia-Arm [Donaudelta]
  107
Constanța 107
Cretulescu-Kirche
  [Bukarest] 105
Crew 13
Csárdásfürstin 87
Cumil/Gaffer [Bratislava]
  70

Demel [R, Wien] 62
Đerdap I [Kraftwerk] 99
Deroko, Aleksandar 94
Diplomatische
  Vertretungen 118
Djami [Moschee, Pécs] 89
Dom St. Stephan [Passau]
  27, 29, 31
Dom von Esztergom
  [MERIAN TopTen] 75
Domherrengasse
  [Bratislava] 70
Donau-Auen [Nationalpark]
  17, **66**
Donaudelta 106
Donaukastell [Schlögen] 35
Donauknie 74
Donauturm [Wien] 53
Donauwalzer 64
Donner, Georg Raphael 69

Dreifaltigkeitssäule [Linz]
  37, **38**
Drei-Flüsse-Eck [Passau] 29
Dresscode 14
Drobeta-Turnu Severin
  99, **100**
Dürer, Albrecht 58
Dürnstein [Chorherrenstift]
  44, **46**

Eco, Umberto 44
Eferdinger Becken 35
Einführungsveran-
  staltungen 13
Einkaufsstempel Steffl
  [Wien, MERIAN Tipp] 62
Eisernes Tor/Đerdap
  [MERIAN TopTen] 98
Elisabeth, Kaiserin von
  Österreich [Sisi] 30
Enescu, George 105
Engelszell [Stift] 35
Erentrudiskapelle [Stift
  Göttweig] 49
Erzbischöfliche Basilika
  [Kalocsa] 88
Erzsébet [H, Budapest] 83
Eszetergom 75

Ferdinand, Erzherzog 43
Ferenczy-Museum
  [Szentendre] 77
Feste und Events 119
Fischer von Erlach,
  Bernhard **43**, 54, 55
Fischer von Erlach,
  Emanuel 55
Fischerbastei/
  Halászbástya [Budapest,
  MERIAN TopTen] 79, **80**
Flusskreuzfahrten 4
Fő tér-Platz [Szentendre] 77
Fragezeichen/Znak pitanja
  [R, Belgrad, MERIAN
  TopTen] 96
Franz Joseph I., Kaiser von
  Österreich 75, 100
Franz-Joseph-
  Jubiläumskirche [Wien]
  53
Franziskanerkirche
  [Bratislava] 69, 71
Freiheitsbrücke [Budapest]
  79
Freiheitsdenkmal [Russe]
  103

Orts- und Sachregister

Freiheitsplatz/Trg slobode [Novi Sad] 91
Freud, Sigmund 53
Frieden von Pressburg 71
Friedrich III., Kaiser 38, 58

Gabčikovo-Kanal 75
Gaffer/Cumil [Bratislava] 70
Ganymedes-Fontäne [Bratislava] 70
Gassenviertel [Passau] 23, **29**
Geiger, Hofrat 44
Geld 120
Geldwechsel 120
Gellért [H, Budapest] 83
Gellért-Bad/Gellért fürdő [Budapest] 84
Gemäldegalerie [Szentendre] 77
Gerbeaud [R, Budapest] 86
Gesundheitsvorschriften 120
Gewürzpaprika-Museum [Kalocsa] 88
Glasmuseum [Passau] 28
Goldenes Schiff [R, Passau] 30
Golf 17
Golubac [Festung] 100
Göttweiger Fresko [Stift Göttweig] 49
Gourmetreisen 16
Govinda [R, Budapest] 83
Gozzoburg 48
Graner Messe 75
Grassalkovich [Gögöllö] 79
Grinzing 55
Grüner reisen 19
Guestservice 14

Hadrian, Kaiser 101
Hafenliegeplätze 121
Haichenbach [Burgruine] 35
Hainburg 67
Hauptplatz [Bratislava] 70
Haus der Musik [Wien] 59
Haus des Volkes/Casă Poporului [Bukarest] 104
Hawidere [R, Wien] 61
Hefele, Melchior 70
Heilig-Geist-Stiftsschänke [R, Passau] 30
Heldenplatz/Hösök tere [Budapest] 80
Heurige **44**, 47, 50, 61, 62
Hildebrandt, Johann Lucas von 49, 62
Hilton [H, Budapest] 82

Historisches Museum [Krems] 48
Hofburg [Wien] 53
Holl, Steven 48
Hörbiger, Paul 44
Hotel Schloss Ort [H, Passau] 30
Houdini [R, Bratislava] 72
Hrad [Bratislava] 69
Hummus Bar [R, Budapest] 83

Ignatiuskirche [Linz] 37
Ilz [Fluss] 26, 28, 33
Inn [Fluss] 27–29, 33
Internet 121
Ivanovo [Felsenkirche] 102

Janko Král Park [Bratislava] 69
Jochenstein 33, **34**
Johannes VIII., Papst 93
Johannes-Kepler-Universität [Linz] 37
Joseph II., Kaiser 45, 47, 54, 70
Jüdisches Museum der Stadt Wien [Wien] 59

Kabinen 116
Kalocsa 88
Karl VI., Kaiser 49
Karl, Erzherzog 59
Karlskirche [Wien] 54
Kepler, Johannes 38
Keplerhaus 38
Kettenbrücke [Budapest] 80
Klarissinenkirche [Bratislava] 70
Kleiderordnung 14
Kloster Melk 15, **44**
Klosterneuburg 50
Kod Radeta/Bei Rade [R, Belgrad] 96
Kokoschka, Oskar 43
Königsschloss/Kraljevski dvor [Belgrad] 93
Körnermarkt [Krems] 48
Kovács, Margit 77
Král, Janko 69
Krems 48
Krönungsweg [Bratislava, MERIAN Tipp] 70
Krypta [Stift Göttweig] 49
Kubrick, Stanley 65
Kunstgalerie [Russe, MERIAN Tipp] 103
Kunsthochschule [Linz] 37
Künstlerviertel Skadarlija [Belgrad, MERIAN Tipp] 96
Kürnberger Wald 36

Landausflüge 13, **15**
Landhaus [Linz] 38
Landschaftshaus der Volkskunst [Kalocsa] 88
László I., König 76
Lentos Kunstmuseum [Linz] 36, 37, **40**
Leopold I., Kaiser 49
Leopold I., Markgraf 44
Leopold II., Markgraf 44
Leopold III., Markgraf 50
Leopold-Museum [Wien] 61
Leopoldsberg [Wien] 53
Lepenski Vir 99
Leuchtturm [Sulina] 109
Linz 36
Linzer Fenster [Linz] 37
Linzer Torte 41
Lipizzaner 55
Lipizzaner-Stallungen [Hofburg, Wien] 53
Liszt, Franz 75, 82, 89
Loisium [Langenlois, MERIAN TopTen] 48
Lom 104
Lorenz, Konrad 49
Löwenherz, Richard [Richard I., König von England] 46
Ludwig XIV., König **21**, 79
Lurago, Carlo 27
Luther, Martin 89

Mariä Empfängnisdom [Linz] 37, **38**
Maria Langegg [Kloster] 44
Maria Taferl 43
Maria Theresia, Kaiserin 43, **55**, 69
Mariahilfer Straße [Wien] 23
Mariä-Verkündigungs-Kirche Blagovestanska [Szentendre] 77
Marienkirche/Ime maijino [Novi Sad] 91
Marionettentheater [Schloss Schönbrunn] 55
Marsbach [Burg] 35
Martinsdom/Katedrála svätého Martina [Bratislava] 69
Matthiaskirche/Mátyás Templom [Budapest] 80
Maximilianbrunnen [Bratislava] 70
Mayer am Pfarrplatz [R, Wien] 61
Mazza, Jakob Antonio 40
Medizinische Versorgung 121
Melk, Adson von 44

Michaelertor [Bratislava] 72, 73
Michalská [Bratislava] 72, 73
Mila 23 [Fischereizentrum, Donaudelta] 108
Millennium Tower [Wien] 53
Milošević, Slobodan 93
Mirbach Palais [Bratislava] 71
Mohacs 89
Moldava Veche 99
Morava [Fluss] 99
Morava-Schule 99
Moser, Hans 58
Mozart, Wolfgang Amadeus 38
Mozarthaus [Linz] 38
Murighiol 108
Museum der Vojvodina [Novi Sad] 90
Museum des städtischen Lebens [Russe] 103
Museum Moderne Kunst [Passau, MERIAN TopTen] 28
Museum Moderner Kunst Stiftung Ludwig [Wien] 63
Museum Oberhaus [Passau] 28
MuseumsQuartier [Wien] 60
Muzeul Georghe Enescu [Bukarest] 105
Muzeul Naţional de Arta [Bukarest] 105

Naci [Bratislava] 70
Nagyvillám Hügel [Viségrad] 77
Napoleon I., Kaiser 71
Naschmarkt [Wien, MERIAN Tipp] 23, 60, 61
Nationalbibliothek [Bukarest] 105
Nationales Geschichts- museum [Bukarest] 105
Nationales Kunstmuseum [Bukarest] 105
Naturschutzgebiet Donauleiten 34
Nestorović, Bogdan 94
Neue Brücke/Nový most [Bratislava] 68
Neue Hofburg 54
Neue Residenz [Passau] 28
Neuer Dom [Linz] 38
Neues Schloss/Novi dvor [Belgrad] 94
Neulengbach 49
Nibelungengau 43

Nordico – Museum der Stadt Linz [Linz] 40
Notruf 121
Novi Sad 89

Obernzell 34
Óbuda 78
Olteniţça 104
Operettenhaus/Fövarosi Operettszínhaz [Budapest] 85
Opernhaus [Russe] 103
Organisation 13
Orşova 100

Pannonien 50, 67
Pantheon der Helden der Nationalen Wiedergeburt [Russe] 103
Paprika 88
Parlament [Belgrad] 94
Parlament [Budapest] 78, 79, 82
Parlamentspalast [Bukarest] 104
Passagiere 5
Passau 13, 23, 26–31
Patriarchenkathedrale [Veliko Tărnovo] 104
Pécs/Fünfkirchen 89
Pelikane 109, 112
Persenbeug 43
Pest 78
Peterwardein/Petrovaradin [Novi Sad, MERIAN TopTen] 90
Petronell-Carnuntum 67
Petrović, Djordje 94
Pfarrkirche Mariä Himmelfahrt [Weißenkirchen] 46
Pilgram, Anton 58
Pöchlarn 43
Pollack, Mihály 82
Porzellanbrunnen [Pécs] 89
Post 121
Pöstlingberg [Linz] 37
Pöstlingbergbahn zur Wallfahrtsbasilika [Linz, MERIAN Tipp] 38
Pozarevadka-Kirche [Szentendre] 77
Prambach, Wernhard von [Bischof] 36
Prašna Basta [R, Bratislava] 72
Prater [Wien] 52, 54
Primatialpalais [Bratislava] 70
Pulver, Lilo 88
Puszta 87
Puszta-Reiter 87

Radtouren 47
Rannaried [Burg] 35
Rathaus [Passau] 27
Rathausplatz [Passau] 28
Regionale Spezialitäten 21
Reisedokumente 121
Reisezeit 15
Reiterdenkmal des Fürsten Mihailo [Belgrad] 96
Reitervorführung [Puszta] 87
Residenzplatz [Passau] 28
Restaurants 21
Rosenpark [Drobeta-Turnu Severin] 101
Rückreise 121
Rudas fürdő [Budapest] 84
Rumänisches Athenäum/ Ateneul Român [Bukarest] 105
Russe 102
Ruszwurm Cukrázszda [R, Budapest] 84

Sava, hl. 94
Savoyen, Prinz Eugen von 53, 90
ScharfrichterHaus [Passau, MERIAN Tipp] 30
Schiele, Egon 49
Schlacht von Peterwardein 90
Schleuse Đerdap II 101
Schleuse Gabčikovo [MERIAN TopTen] 75
Schleusen 5, 33–35, 100
Schlögener Schlinge 33, 35
Schloss [Linz] 38
Schloss Artstetten 43
Schloss Schönbrunn [Wien] 55
Schlossmuseum [Linz] 39
Schlüsselkarten 122
Schönbrunn [Schloss] 55
Schönbühel [Kloster] 44
Schönbühel [Schloss] 46
Schulek, Frigyes 80
Schwarzes Meer 107, 109
Segway-Tour [Linz] 40
Senftenberg [Burg, Kremstal] 48
Severinburg [Drobeta-Turnu Severin] 101
Sfântu Gheorghe [Donaudelta] 109
Sicherheit an Bord 13, 14
Sieben Schmerzen Mariens [Wallfahrtsbasilika, Linz] 38
Sigismundtor [Bratislava] 69
Silva, Francesco 40

Orts- und Sachregister

Silvester 16, **19**
Simandlbruderschaft 48
Sirén, Heikki 37
Sirén, Kaija 37
Slowakisches Nationaltheater [Bratislava] 70
Sommerspiele Melk 45
Sophie, Herzogin von Hohenberg 43
Souvenirs 23
Spanische Hofreitschule [Wien] 55
Spaziergang Andrássy út [Budapest, MERIAN Tipp] 82
Spitz 46
St. Sava Kirche [Belgrad, MERIAN TopTen] 94
St. Stephan [Wien] 53, **55**
Staatsoper [Wien, MERIAN Tipp] 63
Stadtpark [Wien] 52
Stadtparlament/Skupstina grada [Belgrad] 94
Stadtpfarrkirche Mariä Himmelfahrt [Linz] 37
Stavropoleos-Kirche [Bukarest] 105
Steffl [Einkaufsstempel, Wien, MERIAN Tipp] 62
Steineres Tor [Krems] 48
Stephan I., König von Ungarn und Heiliger 75
Stephansdom [Passau] 27
Stephansdom [Wien] 53, **55**
Stift Engelszell 35
Stift Göttweig 44, 48, **49**
Strauß, Johann 64, 65
Strom 122
Strudengau 43
Sulina [Donaudelta] 109
Sveta Troica [Kirche, Russe] 103
Széchenyi fürdő [Budapest] 85
Széchenyi, Graf István 82
Szentendre 76/77

Tabula Traiana [Eisernes Tor] 100
Tagesprogramme 122
Telefon 122
Theater an der Wien [Wien] 62
Themenkreuzfahrten 16
Theologische Fakultät [Linz] 37
Tiere der Donau 112
Tilgner, Viktor 70
Tischreservierung 21
Tito, Josip Broz 93
Trajanbrücke [Drobeta-Turnu Severin] 101
Transsilvanische Alpen 101
Trinkgeld 122
Trinkwasser 122
Triumphbogen [Vác] 76
Troger, Paul 49
Tulcea 107
Tulln 49
Tullner Becken 49
TV 122
Tvrdjava-Kalemegdan-Festung [Belgrad] 94

UFO-Bar & Restaurant [R, Bratislava] 72
Uhrenmusem [Wien] 61
Ulrich, Fürstbischof 29
Ungarische Staatsoper/ Magyar Állami Operaház [Budapest] 85
Ungarische Tiefebene 86
Ungarisches Nationalmuseum/ Magyar Nemzeti Múzeum [Budapest] 82
Universitätsbibliothek [Bukarest] 105
UNO-City [Wien] 53, **58**
Ursulinenkirche [Linz] 37

Vác 76
Varescu, Sylva 87
Vauban, Sébastien le Prestre de 90
Velik Gradiste 99
Veliko Tărnovo 102, **103**
Venus von Willendorf 46
Verdun, Nikolaus von 50
Verduner Alter [Klosterneuburg] 50
Veste Niederhaus [Passau] 34
Veste Oberhaus [Passau] **29**, 33
Vichtenstein [Burg] 34
Viségrad 76
Visik, Károly 89
Viski-Károly-Múzeum [Kalocsa] 89
Voestalpine Stahlwelt [Linz] 41
Vojvodina 91
Volksgarten [Wien] 52
Volksparlament/Narodna skupstina [Belgrad] 94
Vorstellung des Schiffs 13

Wachau 21, **43**, 44–49
Wagenburg [Schloss Schönbrunn] 55
Wagner, Otto 60
Walachei 99, **101**
Walachen 101
Wäscherei 122
Wasserveste [Passau] 29
Weihnachten 18
Weihnachtsmärkte 120
Wein 16, 17, 21, 44, **47**, 48, 50, 72, 79, 89
Weinbau Hajszan [R, Wien] 62
Weinbaumuseum [Krems] 48
Weißenkirchen [Wachau] 43, 46
Wesenstein [Burg] 35
Wien 52–63
Wien Museum 61
Wiener Neustädter Altar [Wien] 58
Wiener Philharmoniker **63**, 65
Wiener Sängerknaben 63
Wienerwald **50**, 52
Wilder Mann [H, Passau] 30
Willendorf 46
Winter auf der Donau 16
Winzerlatein 47
Wittelsbacherbrunnen [Passau] 28
Woiwodenpalast Curtea Veche/Alter Hof [Bukarest] 105

Ybbs 43
Ybbs-Persenbeug [Kraftwerk] 43

Zahlungsmittel 122
Zarenpalast [Veliko Tărnovo] 104
Zentrale Markthalle/ Kőzponti Vásárcsamok [Budapest, MERIAN Tipp] 85
Zentralfriedhof [Wien] 58
Znak pitanja/Fragezeichen [R, Belgrad, MERIAN TopTen] 96
Zollbestimmungen 122
Zsolnay [Pécs] 89
Zum Fliegerbauer [R, Passau] 30
Zweig, Stefan 53
Zwentendorf 49
Zwölf Apostelkeller [R, Wien] 62

IMPRESSUM

Liebe Leserinnen und Leser,
vielen Dank, dass Sie sich für einen Titel aus unserer Reihe MERIAN *live!* entschieden haben. Wir freuen uns, Ihre Meinung zu diesem Reiseführer zu erfahren. Bitte schreiben Sie uns an merian@graefe-und-unzer.de, wenn Sie Berichtigungen und Ergänzungen haben – und natürlich auch, wenn Ihnen etwas ganz besonders gefällt.
Alle Angaben in diesem Reiseführer sind gewissenhaft geprüft. Preise, Öffnungszeiten usw. können sich aber schnell ändern. Für eventuelle Fehler übernimmt der Verlag keine Haftung.

© 2019 GRÄFE UND UNZER VERLAG GmbH, München
MERIAN ist eine eingetragene Marke der GANSKE VERLAGSGRUPPE.

1. Auflage 2019

Alle Rechte vorbehalten. Nachdruck, auch auszugsweise, sowie die Verbreitung durch Film, Funk, Fernsehen und Internet, durch fotomechanische Wiedergabe, Tonträger und Datenverarbeitungssysteme jeglicher Art nur mit schriftlicher Genehmigung des Verlages.

BEI INTERESSE AN MASSGESCHNEI-DERTEN B2B-EDITIONEN:
gabriella.hoffmann@graefe-und-unzer.de
BEI INTERESSE AN ANZEIGEN:
KV Kommunalverlag GmbH & Co. KG
Tel. 0 89/9 28 09 60
info@kommunal-verlag.de

GRÄFE UND UNZER VERLAG
Postfach 86 03 66
81630 München
www.merian.de
LESERSERVICE
merian@graefe-und-unzer.de
Tel. 00 800/72 37 33 33*
Mo–Do: 9.00–17.00 Uhr
Fr: 9.00–16.00 Uhr
*(*gebührenfrei in D, A, CH)*
REDAKTION
Stella Schossow, Nadia Terbrack
LEKTORAT
Beate Martin
SATZ
Sabine Dohme, Nadine Thiel
BILDREDAKTION
Nora, Goth, Tobias Schärtl
HERSTELLUNG
Renate Hutt
REIHENGESTALTUNG
La Voilà, München und Leipzig
Independent Medien Design, Horst Moser, München
KARTEN
Huber Kartographie GmbH
für MERIAN-Kartographie
DRUCK UND BINDUNG
Printer Trento, Italien

GRÄFE UND UNZER
Ein Unternehmen der
GANSKE VERLAGSGRUPPE

PEFC
PEFC/18-31-506

BILDNACHWEIS
Titelbild (Donau bei Passau): laif: M. Runkel/robertharding
A. F. Selbach 31 • A. Riedmiller 42 • akg-images 64 • ...to 10/11 • Bildagentur Huber: R. Schmid 73, 91 • Delta Nature Resort 112-1, ... 3-1, 113-2, 113-3, 113-4, 114-1, 114-2, 114-3 • fotolia.com: imagine.iT 32 • G... ages: C. Hastings 24/25 • Haus am Strom: O. Aßmann 115-3, 115-4 • JAHR... ...rte 9o, 26, M. Neubauer 20 • K. Bossemeyer 36 • laif: D. Schwelle 12, M. ... H.Erber 45 • mauritius images: A ROOM WITH VIEWS/alamy 17, K. Thon... ...uauen GmbH: Antonicek 114-4,115-1, 115-2, Kovacs 66 • Shutterstock: ... WithTheWind 22, LaMiaFotografia 52, Pedro Rufo 61, posztos 74, Roberto L... ... 9u, Theos 110/111, trabantos 4, 7u, Ttstudio 68 • Wojtek Chmielewski 78 • transit: ... ...06 • U. Boettcher/Bilderberg 83 • Viking Flusskreuzfahrten 98